复旦大学俄罗斯中亚研究中心

俄罗斯欧亚研究

（第四辑）

冯玉军　赵华胜 · 主编

时事出版社
北京

图书在版编目（CIP）数据

俄罗斯欧亚研究. 第四辑 / 冯玉军，赵华胜主编 . —北京：时事出版社，2023. 2

ISBN 978-7-5195-0531-8

Ⅰ. ①俄… Ⅱ. ①冯…②赵… Ⅲ. ①中俄关系—文集②国际关系—俄罗斯、欧洲、亚洲 Ⅳ. ①D822. 351. 12 –53②D8 –53

中国版本图书馆 CIP 数据核字（2022）第 228060 号

出 版 发 行：时事出版社
地　　　址：北京市海淀区彰化路 138 号西荣阁 B 座 G2 层
邮　　　编：100097
发 行 热 线：（010）88869831　88869832
传　　　真：（010）88869875
电 子 邮 箱：shishichubanshe@ sina. com
网　　　址：www. shishishe. com
印　　　刷：北京良义印刷科技有限公司

开本：787 ×1092　1/16　印张：13. 75　字数：172 千字
2023 年 2 月第 1 版　2023 年 2 月第 1 次印刷
定价：78. 00 元
（如有印装质量问题，请与本社发行部联系调换）

目　录

第一编　专题报告篇

《中俄对话：2021 模式》 …………………………………………………… (3)

第二编　学术论文篇

俄罗斯之于中国的意义与俄苏问题研究方法 …………………………… (67)
中俄经济关系：现状、特点及平衡发展 ……………………………… (103)
历史的钟摆——苏联解体 30 年以来的国际政治变迁 ……………… (135)

第三编：时政评论篇

俄罗斯在“后苏联空间”处境尴尬 ………………………………… (159)
俄罗斯加紧布局氢能发展 …………………………………………… (163)
社会契约与俄罗斯的政治秩序 ……………………………………… (167)
普京缘何悲观看待国际局势 ………………………………………… (171)
美国的同盟体系正加紧重塑和再造 ………………………………… (175)
生态安全应成为中国资源进口全球布局的重要考量 ……………… (179)
俄苏文化的对华影响与中国人的“误读” ………………………… (183)
从数据看俄罗斯科技发展 …………………………………………… (187)

“中美俄三边关系”呈现出更加复杂的互动场景 …………………… （191）
近代以来不平等条约的修废钩沉 …………………………………… （195）
俄罗斯多策应对“新塔利班时代” ………………………………… （201）
“北溪—2 号”：管道竣工　前路莫测 ……………………………… （205）
能源转型：路线图与时间表同样重要 ……………………………… （209）
重新回来的俄式保守主义 ………………………………………… （213）

第一编
专题报告篇

中俄对话：2021 模式*

概　要

《中俄对话》年度报告的宗旨是：对双边关系的进展做出综合监测和评估，就发展中国与俄罗斯的协作提出专家建议。本报告是对2020 年第二季度至 2021 年第一季度两国合作成果的介绍及其分析。

2021 年是对中俄关系具有基础性意义的《中俄睦邻友好合作条约》签署 20 周年。中俄两国建立了密切的战略伙伴关系，形成了灵

---

* 复旦大学国际问题研究院、俄罗斯国际事务委员会和俄罗斯科学院远东研究所从 2014 年开始联合发布中俄关系年度报告，由中俄专家团队共同撰写，以中、俄、英三种文字在中国和俄罗斯发表。《中俄对话：2021 模式》是这一系列报告的第七份。中方团队负责人：赵华胜，复旦大学国际问题研究院教授。中方成员：刘华芹，中国商务部国际贸易经济合作研究院欧洲与欧亚研究所所长，教授，经济学博士；邢广程，中国社科院中国边疆研究所所长，教授，法学博士，学部委员；于滨，美国文博大学政治系教授，政治学博士；杨成，上海外国语大学教授，上海全球治理与区域国别研究院执行院长，法学博士；冯玉军，复旦大学国际问题研究院副院长、俄罗斯中亚研究中心主任，教授，法学博士；张贵洪，复旦大学联合国与国际组织研究中心主任，教授，法学博士；林民旺，复旦大学南亚研究中心副主任，教授，法学博士；简军波，复旦大学中欧关系研究中心副教授，法学博士。俄方团队负责人：安・科尔图诺夫，俄罗斯国际事务委员会执行会长，历史学副博士；阿・马斯洛夫，俄罗斯科学院远东研究所代理所长，俄罗斯国际事务委员会成员，历史学博士。俄方成员：安・卡尔涅耶夫，莫斯科高等经济学校东方学院院长，历史学副博士；瓦・卡申，莫斯科高等经济学校欧洲和国际关系研究中心副主任，俄罗斯科学院远东研究所研究员，俄罗斯国际事务委员会成员，政治学副博士；阿・拉里奥诺夫，俄罗斯财经大学经济政策和经济安全学院战略预测和计划中心研究人员，学生科研活动组织中心主任，国家和行政管理学副博士；克・库兹米娜，俄罗斯国际事务委员会项目副主任；尤・库林采夫，俄罗斯科学院远东研究所东北亚和上海合作组织战略问题研究中心研究人员；弗・彼得罗夫斯基，俄罗斯科学院远东研究所俄中关系研究与预测中心研究员，政治学博士。俄译中翻译：盛世良、孙凌云、倪文卿。校对：赵华胜。

活而富有成效的互动方式。在两国关系日程上并没有结盟的问题：这种同盟与其说是能巩固两国关系，倒不如说是会在世界上形成一系列额外的分界线。对双边关系而言，重要的是对优先合作领域的看法一致，在地区和全球层面能提出并确定自己的议事日程。

今天，在新冠肺炎疫情大流行、全球范围冲突倾向加剧、全球治理体系和国际法体系遭到侵蚀的情况下，中国与俄罗斯在世界秩序关键问题上的立场接近尤为重要。两国应该共同致力于恢复国际体系的可控性，使国际体系朝着更加平衡、更具代表性的方向发展，同时遵守国家主权的原则，维护联合国在世界事务中的关键作用。需要引起中国与俄罗斯注意的还有联合国及其安理会的改革问题，其出发点是必须保证改革的全面性，保证有关改革的所有决议都要在取得广泛共识的基础上通过。

2020 年的全球危机严重激化了国际进程参与者之间的政治和经济矛盾。这充分表现在中俄两国同美国的关系上。在同欧盟的互动中，呈现出政治对抗倾向与互利务实合作并存的现象。中国与欧盟签署全面投资协议的进程在 2021 年 5 月的几轮制裁后暂停，这鲜明地表现出政治矛盾的负面影响。与此同时，美国与欧盟试图把新冠肺炎疫情蔓延的责任转嫁于中国，在所谓新疆问题上指责中国。

2020—2021 年，俄罗斯同西方的关系依然处于低水平，并经受了一系列新危机。在这种背景下，中国与俄罗斯继续相互支持。尽管印度同美国加强了伙伴关系，俄罗斯同印度还是保持了密切协作。中印之间的摩擦不符合俄罗斯的利益。

即使在防疫限制的条件下，中俄双边贸易依然相对稳定。根据不同统计，2020 年达到了 1080 亿美元或 1040 亿美元的水平（相应地负增长 2.9% 或 6.7%）。中国在俄罗斯外贸中的份额超过 18%，是有史以来的最高比重。与此同时，这一结果是在中国出口增加、俄罗斯出口减少的情况下取得的。

一旦防疫措施撤销，就有望恢复合作水平上升的态势，但是交通物流和海关基础设施不够发达、中小企业合作复杂等问题需要引起中俄两国更大的重视。

中俄在投资和金融领域也面临着许多工作。尽管实施了一系列大型合作项目，相互投资的水平依然不够高，而在 2020 年全球危机的背景下，中国直接投资开始疏远俄罗斯。提高本币结算比例的任务在逐渐实现，但是迄今为止还没有超过 15%。

技术和创新领域可以成为发展务实合作的新动力。2020—2021 年是中俄科技创新合作年，但是受新冠肺炎疫情影响，相关的一系列活动被推迟或改为在线举行。近年来的特点是，这一领域的计划具体化，合作项目启动，总体上向更加实用的协作方式过渡，特别是在高技术领域。联合资助项目的推出，促进了中俄两国科学家研究工作质和量的提升。高校系统的协作，包括高校有关院系联盟和深圳莫大—北理大学平台上的协作，依然是重要方向。

在太空和“高端科技综合体”项目上开展了实际的合作，包括签署了在建立国际月球科研站方面合作的谅解备忘录。2020 年还有一个特点：在医疗和制药领域加强合作。开展高技术产品联合研发和生产，符合中俄两国的利益，特别是考虑到疫情条件下向数字经济转型的进程加速。

尽管新冠肺炎疫情大流行减少了人员接触的机会，中俄两国还是成功地通过视频继续进行教育和文化合作。受疫情影响最大的是中俄旅游合作，中俄两国商定采取特殊措施，在防疫限制措施撤销之后加速恢复游客往来。虽然中俄两国舆情中有个别消极现象，但两国人民总体上依然彼此友好。在西方对中国和俄罗斯开展信息攻势的情况下，包括疫情政治化和“疫苗外交”，中俄两国媒体合作具有特别重要的意义。

序　言

2020—2021 年中俄发展协作的背景是：新冠肺炎疫情大流行、全球范围内对抗趋势增强、中俄两国同美国的对抗加剧。中俄伙伴关系成功地经受住了考验，两国在政治层面上保持并加强了信任，在国际舞台上继续密切协调立场，共同抵御国外对两国施加压力。在疫情政治化、个别国家把新冠肺炎病毒传播的责任转嫁于中国的情况下，中俄之间的相互支持尤为重要。

具有原则性重要意义的是，中俄务实协作显示了稳定性：尽管两国采取了广泛的防疫措施，2020 年双边贸易额仅有微不足道的收缩。据中方统计，双边贸易额超过了除 2019 年之外的"疫情前"历年指标。中俄两国在医疗和个人防护用具的供应上迅速建立合作。两国成功地把许多联合议程转到在线模式，防止了各方面协作的停滞。中国依然被俄罗斯人看作最友好的国家之一。

与此同时，中俄合作早已存在的问题和"瓶颈"在疫情下表露得更加清晰，这既涉及双边合作的基础设施、交通和海关基础设施，也涉及两国人民的互信。两国采取的防疫措施在相当大程度上限制了地区交往和人文交流，这不利于俄罗斯和中国形成密切关系，加大了建立实业联系和启动新合作项目的难度。这在相当大程度上也影响了为 2020—2021 年两国科技和创新合作年奠定基础的宏伟目标的落实。

人类迅速摆脱新冠肺炎疫情的希望落空，中俄关系的发展很可能将长期受到 2020 年出现的特殊要求和限制的影响。在这种情况下，现实任务是使协作机制适应现有方式，在正常条件恢复之前刻不容缓地解决迫切问题。

2021 年，中俄两国迎来一个重要日子——《中俄睦邻友好合作条约》缔结 20 周年，这一条约的签署使双边关系正式进入新的历史时期。中国国家主席习近平和俄罗斯总统普京在 2021 年 6 月 28 日发表的联合声明中高度评价该条约的历史和现实意义，强调了本着友好和互利合作精神发展新时期双边关系的共同愿望。

这段时期以来，中俄在政治相互理解的水平上、在经济和人文合作的规模上，都取得了实质性的突破。今天，各领域爆发性增长的时期已经过去，需要在现有成就的基础上继续前进。为了取得同样令人瞩目的新成就，两国需要持之以恒地努力工作，寻找新的增长点和最佳合作模式，消除现有障碍，解决彼此关切。与此同时，两国不应只停留在于国际问题上协调立场的方面，现在已经到了转向就全球和地区问题提出联合倡议的阶段。倡议的对象应是那些即使在世界日益混乱的条件下也会增强两国凝聚力的问题。

要解决这些问题，中俄两国民间应坦率对话，同时在专家层面上认真研讨。由复旦大学国际问题研究院、俄罗斯国际事务委员会和俄罗斯科学院远东研究所撰写的第七份例行年度报告《中俄对话：2021 模式》将对这些问题的解决做出贡献。本报告论述的是2020 年第二季度至 2021 年第一季度两国的合作情况。

一、中俄战略伙伴关系发展前景：新协作方式而非新同盟

在今天的国际舞台上，形势瞬息万变，中俄两国特别需要保持双边关系的稳定发展，坚持既定战略方向，阻止外部势力改变这些方针的图谋。在当前这个历史时期，促使中俄两国彼此接近的关键因素与其说是共同的挑战和威胁，不如说是对国际秩序基本问题的观点吻合，两国准备共同应对急剧变化的国际形势。两国认为，当

前国际秩序的发展趋势不符合两国利益和两国对国际秩序应有状态的看法。两国呼吁，与其打破现有体系，不如回到现有体系的起点——联合国和其他国际组织的初始作用，就所有关键问题公开对话——举行联合国安理会常任理事国峰会，就解决人类共同问题和维护全球稳定开展对话，维护现代国际法体系。

在是否遵守国际法方面，两国出现了共同“对手”——美国。2021 年 3 月，中国外长王毅和俄罗斯外长拉夫罗夫在会见时商谈过这一问题。美国因素对中俄关系尽管有相当大的影响，但并不是决定性的影响：中俄关系的基础是共同利益，这种共同利益超出了同美国竞争的范畴。仅仅围绕消极议程形成的战略伙伴关系无助于这种关系的长期发展，因为它基于一时的权宜，即使是它会持续相当长时间。最重要的是如能形成积极议程将不仅有利于中俄两国，而且有利于其他国家的新的国际现实。

许多政治分析家，包括来自西方主要智库的政治分析家提出有关中俄正式结盟的可能性和可行性问题，认为当前形势和西方采取的孤立中国和俄罗斯的措施将推动中俄走向结盟。与此同时，许多专家断言，“默契政治同盟”已经形成并扩大到技术和金融等协作领域。中方专家认为，这一问题实际上在两国议事日程上并不存在，而是西方分析家和媒体人为制造的。对此，中俄两国不必认真关注，尽管也无须向西方提供不结成军事同盟的保证。

问题的复杂性还在于，中俄结盟可能为新军事同盟的形成和现有同盟的加强提供口实，导致两个集团彼此对立，启动冷战 2.0 版。中俄同盟可能促使美国、加拿大、澳大利亚和日本相互大规模转移新技术，首先是与安全有关的新技术，并会使美国要求欧盟与中国之间在技术和基础设施领域投资增加透明度。与此同时，一系列西方专家寄希望于中俄两国存在深层次的文明冲突，期待中俄同盟对两国伙伴关系造成消极影响。中方强调指出，中俄即使结成同盟，那也是西方施压和威胁的结果，而不是对抗加剧的起因。中方专家认为，西方认为中国和俄罗斯伙伴关系的发展会威胁西方安全的想法是根本错误的，中国和俄罗斯不应该按这个思路去考虑问题。

如果注意到中俄关系数十年来的情况，可以得出结论，两国协作的发展不会形成正式的军事和政治同盟，而是走向更具弹性的伙伴关系方式。中俄积极协作，并不是因为具有同盟义务，而是因为在关键问题上利益吻合，结盟是重复已经过时的形式。建立军事政治同盟、战略同盟、经济同盟，与其说是能深化两国之间本已存在的建设性协作，倒不如说是会在世界上形成一系列额外的分界线，在双边关系中产生新的摩擦和矛盾。与此同时，明智的政治家、外交家和专家指出，中俄之间事实上已经具有不结盟的盟友性质的合作；不仅如此，这种合作规模越来越大，不断变化和扩大，没必要以某种法律形式使之固定不变。两国已经超越了结盟阶段。正如2019 年 10 月俄罗斯驻华大使安德烈·杰尼索夫所说："我们跟中国不是盟友，彼此不承担同盟义务，我们对彼此的立场和利益有明确清晰的认识，愿意尊重这些利益，相互协作，在实践中体现这些利益。"

还应该考虑到中俄两国历史形成的主权独立的政治意识。数十年来，两国元首每年都举行会晤，通过工作小组、分委会和政府间委员会等多级机制协调立场，即使在 2020—2021 年新冠肺炎疫情期间，他们也通过在线方式继续接触。两国已经学会"化解"双边关系中的些微分歧和权宜考虑，目前并不存在可能会显著恶化关系的严重问题。

2020 年，中俄战略合作模式出现了几个有意思的现象。如果把双边贸易作为双边关系发展标志的话，那就应该指出，中俄贸易显示了出色的抗压能力，达到 1080 亿美元（2019 年贸易额超过 1100 亿美元）。但是，尽管中国同美国的关系急剧恶化，中美贸易额却从

5580 亿美元增加到 5600 亿美元，而中国同欧盟的贸易额打破了纪录，达到 5870 亿美元（2019 年为 5596 亿美元）。2020 年，中国是欧盟第三大商品出口伙伴国（占比 10.5%）和最大的商品进口伙伴国（占比 22.4%）。由此可见，贸易仅仅是衡量国家商品依存度以及彼此对商品和服务兴趣度的客观指标，而不是双边关系战略性或睦邻性的指标。可以看出，中国方面对俄罗斯的直接投资兴趣有限。尽管中国进入了俄罗斯经济最大投资者行列，而且是俄罗斯主要对外贸易伙伴国；但是根据俄罗斯的统计，到 2020 年初，中国对俄罗斯累计直接投资仅为 37 亿美元；据中方的估算，则达 128 亿美元。而且，根据俄罗斯中央银行的统计，2020 年第一季度到第三季度中国对俄罗斯的直接投资下降了 52%，从 37.4 亿美元减少到 18.3 亿美元。可以肯定，两国贸易和投资关系发展的爆发性增长潜力已经耗尽，应该用其他指标来衡量伙伴关系的战略性质。

尽管中国和俄罗斯尽了相当大的努力降低对美国和西方关系的紧张度，不希望国际社会出现分裂，负面趋势却继续上升。2020 年的国际形势表明，今天无论是中国还是俄罗斯都无法单独改变国际议事日程，包括在金融、银行和世界贸易领域，特别是在国际关系和文化领域。在逆全球化和国际交流质量下降的情况下，一个国家想提出新型协作方式，必然被看作“搅局者”，其倡议不会被看作明智抉择。把中俄合作关系发展成新的同盟，可能会激化形势。因此，两国在所有关键问题上实实在在地统一立场，在地区范畴内能够提出并确定自己的议事日程，这比改变两国关系的形式更重要。中国和俄罗斯应该继续提出未来国际政治、经济、金融、技术和地区秩序的概念以及安全秩序的概念，邀请其他潜在伙伴参与这些倡议。为了在全球治理问题上开展国际合作，不应该坐等世界乱局尘埃落定，因为新秩序不建立，乱局就不会消失。中俄组合提出全球倡议的目的，不是对抗西方，而是共同形成多中心世界秩序。

对全球发展和两国能力看法的吻合十分重要。中国与俄罗斯正在实施各自的一体化方案——“一带一路”倡议和欧亚经济联盟。二者既彼此对接，又性质各异。“一带一路”是一个经济倡议，其组织架构尚未彻底成型，在某种情况下也是政治—文化倡议；而欧亚经济联盟作为一个组织，致力于规范其内部国家之间的经济协作方式。在二者对接的范畴内，目前仅有为数不多的合作项目，这些项目即使没有带盟对接形式上的协议，作为能产生利益的商业项目也可以实施。

“人类命运共同体”概念提出，在“一带一路”倡议范畴内加强基础设施的互联互通，体现了中国的全球视野。中国的全球视野还体现在同贸易伙伴的结算中积极使用中国主权数字货币等技术创新，在信息存储和传输领域推行中国技术，在全世界支持完善地区技术发展平台。这样一来，中国今天就能在它已经建立起来的宏观经济地区采取积极行动。俄罗斯当前的政治方针主要是把政治和经济发展方向从西方转移到东方，其中包括发展本国远东地区，这是在较小的程度上涉及新的全球思维。

中国和俄罗斯应该在两国能够定调的国际议事日程上形成共同立场。这首先是指生态和生态安全、保护海洋生物多样性、减少世界大洋污染、从生态角度合理开发北极、保护世界森林植被，等等。生态就其性质而言，本身就是积极议程，可以对冲其他国家的孤立主义——进攻性议程，而实质上就是非建设性议程。两国协作还有一个方向是高技术，而且这一领域的合作应该通过多边形式实施，俄罗斯在这方面可以起重要作用。有现实意义的是新的网络货币、在遵守因特网安全和传输信息安全情况下的高速传输技术。这些项目应该作为新的全球倡议，而不是作为两国协议的方式推出。

致力于在贸易经济、金融、能源、技术、交通、人工智能和北极开发等双边关系各领域取得具体成果，也应是中俄关注的中心。

这些领域合作的发展应该有助于建立更深层的经济联系。在当前国际政治和经济形势下，务实合作的好处越来越凸显。保证比邻地区的稳定和安全，保持两国参加的地区合作机制的生命力，加强保健和防疫、环境保护等领域的联系，预防自然灾害和协助消除自然灾害后果，也值得引起中国和俄罗斯两国领导人的高度重视。

对于发展协作来说还有一个重要基础——中俄两国寻求共同价值观，这能比形式上的军事和政治同盟在更大程度上增进互信。这不是彼此接受对方的价值观，而是在作为民族意识组成部分的基本价值观中寻求契合点。例如，永不过时的家庭价值观、相互尊重、在政权和国家之间寻求妥协、国家的庇护作用和高度的社会责任感、国家价值观优先于宗教和地区—民族价值观、儒教和基督教意识都弘扬的道义精神因素的崇高意义、社会对教育的高度重视、基于历史因素对稳定的重视。在这一基础上，两国今后可以形成推进其思想的联合。

综上所述，最有前景的不是中俄建立形式上的军事联盟，而是在新创意、新技术和具有凝聚力的先进文化思想范畴内，寻求新的、更有效的、适应时代挑战的协作方式。

二、变化中的世界：中国与俄罗斯的看法

（一）21 世纪国际关系的演变：中国与俄罗斯的评价

新冠肺炎疫情不仅检验了国家应对危机的准备程度，而且还检验了全球治理体系的生命力。世界发生的剧烈变化和积累的矛盾，决定了全球治理体系非改革不可。这一体系的日常发展进程令中国和俄罗斯不安。中国和俄罗斯对当前国际形势的看法、对遵守国际

法的基本立场相当接近，尽管在某些方面有差异。

根据俄罗斯高级官员的言论、记者招待会和报刊文章，可以得出这样的结论：俄罗斯认为当前国际体系处于深刻的危机中。在这一体系中，竞争因素压倒了合作因素，安全问题压倒了发展任务，生存而不是繁荣越来越经常地成为国家对外政策的目标。俄罗斯领导人认为，国际关系进入了失稳、高度不确定性和诸多地区性危机并存的历史长时期，而从更广的意义上说，可控性在全球和地区层面都急剧下降。

中国的对外政策叙事，是由特殊的内部条件和独特的国际背景决定的。根据中国的主流看法，世界正在经历大动荡，中国形象地称之为“百年未有之大变局”。一方面，此前存在的国际政治和经济秩序崩溃，大国之间的竞争加剧，经济危机日益频繁，地区冲突持续不断，军备竞赛死灰复燃，全球化进程未能完全恢复，全球问题激化，等等；另一方面，新的发展中国家崛起，威胁西方霸权，说明世界正在加速从单极转向多极。多边政治和经济机制越来越协调发展，原先存在的不平等和不公正在消除，国际社会面临更加合理的发展机遇。在这一过程中，中国成为全球化的主要推动力。

中国迎来了百年未有之大变局，虽有担忧，但没有悲观，而是努力作为，这是现阶段中国外交的主要特性。中国充分意识到国际形势的复杂性，特别是在美国和西方加紧施压的情况下，正在探索战略发展的机遇。中国认为，时间对自己有利，因为中国已经成为世界第二大经济体，达到了接近美国的水平，在新技术革命和新冠肺炎疫情的背景下保持了相对高速的经济增长。不仅如此，中国在遏制疫情、疫苗研发、国际合作和保持经济增长方面取得了良好成绩，国际地位大大加强。

中方专家认为，美国现在仍然是最强大的国家，当前国际秩序的基本面依然是一超独大、多极并存的格局。中方认为，中国在中期前景内将依然是“最大的发展中国家”，而不是最强的发达国家。中国不会与美国争夺世界领导权，而将继续与其他国家合作，根据和平共处五项原则解决国际问题。

1. 危机迹象

在俄罗斯的政治叙事中，当前世界政治最显著的消极面是日益加深的国家治理危机，这特别清楚地表现在中东和北非、赤道非洲和后苏联空间的某些地区。这一危机在较小的程度上也表现在发达国家，包括欧洲国家和美国。国家完全或部分丧失了主权，既没有能力保证本国领土上的秩序和法治，也没有能力为本国公民保障基本的社会服务。国家退化到“失败”或“半失败”的状态。出现许多“权力真空”，这些地方则又成为延续数十年而无望建立稳定和平的国内或国际冲突的来源地。

危机的第二个表现是地区和全球经济及金融市场越来越严重的动荡和不确定性。这些进程对整个国际体系和一些民族国家都带来新的风险；社会和个人都无法控制、甚至无法实质性地影响自己的经济状态。美国和西方越来越经常地推行“脱钩”政策，出于政治动机实施制裁，世界经济呈现出贸易和资金流“碎片化”、各种技术标准并存以及彼此隔绝的趋势。在国家之间和国家内部，社会和经济两极化的进程加速。这种两极化反过来又催生各种形式的政治民粹主义、激进主义和极端主义。2020 年的新冠肺炎疫情再次证实国家治理的深刻危机——包括美国在内的许多国家无力应对这一问题。

危机的第三个表现是世界政治中不负责任、不服从任何人的非国家行为体抬头，他们大大改变了世界进程的许多发展轨道。从国际恐怖主义和宗教极端主义网络，到跨国公司和跨境犯罪集团，这些行为体在世界舞台上谋求同国际和平、稳定和经济繁荣不相容的私利。情况之所以变得更加严重，还由于某些国家试图利用这些行为体作为对外政策工具，这种做法往往都是有害而危险的。

危机的第四个表现是无法控制的、可能引起灾难的气候和生态变化，对生物多样性、生态稳定和资源开采的挑战。世界上存在着某些国家和社会群体获取维持生命的重要资源（能源、水和食品）的不平等现象，而且这种不平等现象愈演愈烈。人类正在走向全球资源匮乏，这反过来又会加剧不稳定性，增加冲突的威胁。

危机的第五个表现是越来越频繁的地区、大洲和全球的移民流。人类对 21 世纪迅速发展的地理大流动根本没有做好任何准备，由此产生许多经济、政治、社会和文化的不良后果。尽管新冠肺炎疫情对国际移民趋势产生了抑制作用，但这一效果与其说是长效的，倒不如说是一时的，世界正面临新的移民潮。

危机的第六个表现是地区和全球层面许多从事发展问题和安全问题的国际组织相对衰落。特别令人不安的是联合国系统的许多机构退化，包括安全理事会。与此同时，国际法许多基本准则发生淡化，日益被个别国家或国家集团出于私利而随心所欲地建立的“规则”所取代。世界上盛行以双重标准使用某些国际法准则以及随意解释国际法准则的现象。

2. 问题的根源

从俄罗斯领导层的观点来看，自由主义的经济和政治发展模式总的来说已经完全失效。自由主义再也无法保证稳定的经济增长，无法保证在国家之间和国家内部公正地分配财富，无法保证政治代表性。到 21 世纪，市场机制和政治竞争已经发展到尽头，需要做出重大调整。

在俄罗斯看来，西方在冷战后的高歌猛进已经超越了自身“天然的”地理范围，反过来给自身的完整性造成相当大的损失。西方普遍寄希望于单极世界，阻挠了对新的全球发展模式的探索。西方

（既包括美国，也包括欧洲）的自信造成了许多冲突，而这些冲突在其他场合本来是可以避免的，或者起码是可以缓和的。

危机的深化，促使一些国家选择性地运用国际法准则，实施双重标准，有意无意地破坏原先不可动摇的国际法准则。在世界政治实践中越来越明显地呈现出法治和道德相对主义，呈现出彼此平行或互不相容的历史叙事，越来越明显地以犬儒主义、机会主义和功利主义态度处理对外政策。由此造成外交的退化以及对单边主义、对外政策工具的偏好。

美国实际上在推动以单边主义立场解决问题，对较弱的非国家行为体施加恐吓手段，这会进一步破坏全球治理体系的成效，降低其公正性。美国及其盟友致力于在军事和军事技术领域谋取决定性优势，以便通过威胁和在国际事务中畅行无阻地使用暴力，实现自己的利益。美国公然无视不得损害他国安全的基本原则，企图通过牺牲他国安全来保障本国安全。

危机推动了 20 世纪末到 21 世纪初形成的全球化模式的发展。这一模式曾推动福祉的普遍提升，但现在却首先服务于跨国大资本，无视全球化进程中其他参与者的利益，无视生产领域的利益，更严重的是无视发达国家和发展中国家广泛社会阶层的利益。这一全球化模式扩张所带来的不良后果是传统价值观迅速衰落，对革命的期待日益增强，社会和文化发生两极化，个别社会群体越来越难以抵御民粹主义、极端主义和政治激进主义的诱惑。

今天，影响全球均势变化的重要因素是全球化和逆全球化之间的斗争。某些国家企图破坏世界供应链、生产和物流链，推动工业和技术联系的断裂，这对本来就已脆弱的世界经济造成负面影响。

不论是中国还是俄罗斯，都主张发展公正均衡的全球化模式，不赞成各种国际行为体出于私利而采取的某些方法。美国遵循的是单边主义、保护主义和战略对抗原则，法国和德国不具备足够的资源去维护全球治理体系，在这一背景下，中国以及其他发展中国家在推动全球化方面的作用显著上升。

近年来发生的第四次工业革命（过渡到新的技术结构），为某些国家和非国家行为体破坏国际稳定和国内稳定的行为提供了崭新的机会，包括新的信息传输能力、新一代武器、新的政治动员工具等。国际社会没有能力妥善地管控技术进步，未能控制那些对稳定具有潜在威胁的技术。

多数西方政治体制没有能力制订对外政策的长期计划；西方政治家追求的是快速效益，寻找的是尽快获得红利进行政治投资的机会。现代自由民主的这一特性有悖于人类对大规模长期政治规划的显著需求，包括对投资不菲的倡议的显著需求。

3. 解决方案

中国和俄罗斯宜把重点放在全球治理体系的现代化上，使之适应世界政治和经济趋势。人类今天面临的首要任务是恢复和提高全球和地区层面国际体系的可控性。不解决这项任务，就难以指望在相关领域取得成功。今天，国际政治中的主要分界线不在东西方、南北方之间，自由主义和保守主义之间，而在维护秩序的力量同制造混乱的力量之间。中国和俄罗斯一向主张维护秩序，支持多边主义，谴责单边主义政策。

过去、现在和未来，民族国家都是国际体系的基础主体。因此，国家主权原则依然是国际法体系极其重要的原则，应该一丝不苟地遵循。国际协作、多边主义和一体化应该受到欢迎，只要它们不违背主权原则。

正在形成中的国际体系应该充分反映当代世界变化中的力量对比，应该具有包容性。在经济、发展和安全领域现存的主要是西方的国际机制，它们要么应该深刻转型，要么应该代之以更具有普遍性、包容性和代表性的组织。不同政治制度、价值观、宗教和文化的国家，应该共处和协作，互不干涉内政，平等合作。

中国把这种世界格局称作人类命运共同体。中国希望避免世界再次分裂，认为避免分裂的途径是建立新型大国关系。中国认为，新兴大国的崛起，不一定导致对抗，中国不希望对抗，包括同美国的对抗。而美国认为中国和俄罗斯都是修正主义大国。还有一种看法，认为“一带一路”倡议是中国版新国际秩序。中国对此不认可：中国改革国际秩序建议的实质，是提升世界秩序的均衡、公正和效率，防止无政府主义。

不论是对中国还是对俄罗斯而言，联合国作为由主权国家构成的最权威、最具普遍性的国际组织，应在国际事务中起核心作用，它是公正合理的世界秩序不可分割的一部分。中国和俄罗斯应该支持联合国及其安理会在保障国际和平和安全中的主导作用，应该致力于巩固联合国的地位，特别是在和平与发展领域。世界架构的基础依然应该是多边机制，包括世界贸易组织和国际货币基金组织。中国认为，“一带一路”倡议不是要取代现有的国际秩序，而是未来国际政治和经济体系不可分割的一部分。

应该在保障全球战略稳定和安全领域采取更多的措施，全球战略稳定和安全应被看作国际关系的初始和基本状态。必须共同致力于完善对战略核武器的多边监控机制，在反导弹防御、太空、因特网、高超音速武器和人工智能等领域建立多边监控机制，这将有助于防止新的军备竞赛，避免对国际安全和战略稳定造成不良后果。

裁军和军控机制应该在公正和平衡的基础上运作，应该有助于加强所有国家的安全。拥有核武器的国家应该对国际安全和全球战略稳定承担更大的责任。这些国家应该放弃冷战心理与零和游戏，通过对话和磋商解决问题，避免战略误判。应该致力于进一步加强核不扩散体系，积极推进《不扩散核武器条约》的三个基本方向：

核裁军、核不扩散与和平利用核能。必须推动国际社会共同努力，包括借助相应的法律调节，防止太空军备竞赛。中国和俄罗斯认为，宇宙空间军备竞赛和宇宙空间变成军事冲突场地有现实的可能性，这将对战略稳定造成威胁。

应该否定西方的（自由主义的）普世主义，代之以发展模式的多样化。新的现代化观念应该包括保持民族传统和文化，以及保持其有别于西方的经济、社会和政治特性。与广为流传的说法相反，中国和俄罗斯并不否定与民主和人权等价值观有关的自由主义概念。可资佐证的是中国和俄罗斯两国外交部长 2021 年 3 月 23 日就当前条件下全球治理的某些问题发表的联合声明。但是，中国和俄罗斯对民主和人权的理解有别于西方（中国和俄罗斯的态度也可能不完全一致）。中国和俄罗斯反对西方把自己的思想和价值观体系强加于其他国家，也反对借口保护民主和人权谋求私利，把民主和人权当作地缘竞争的工具。因此，需要持之以恒地摒弃输出自由民主的行为，同样也需要摒弃输出任何其他政治和社会发展模式的行为。

今天，自发的市场机制决定着全球经济和金融系统的运作规则，在有必要的地方，这一机制应该由调节框架予以补充。这些框架则应该在民族国家之间商定。非国家行为体（例如跨国公司）在国内和国际舞台上都应该增强自己的社会责任感。

必须维持多边贸易体系，推动自由贸易原则。两国的一项重要任务是维护世贸组织作为全球贸易体系主要调节者的地位，促进建立更加平衡和合理的全球与地区贸易和投资机制。中国将继续推动经济全球化。中国制定了国内国际市场“双循环”的战略，以应对世界经济碎片化的形势。

在能源和环境保护领域，必须特别重视因利用替代能源而即将来临的变化，同时要考虑到传统能源的特点，力求在产地、过境国和用户之间实现平衡，要调整“欧佩克 +”、国际能源署、国际天然气联盟等国际能源机构的职能，把这些机构的力量联合起来协调改革，共同应对气候变化和能源领域复杂的地缘政治问题。

未来的国际体系是由一个彼此相通的几个层级构成的金字塔：第一层是联合国及其安全理事会、联合国大会和专门机构；第二层是根据《联合国宪章》并受联合国委托开展活动的地区安全和发展组织；第三层是为解决具体国际任务而成立的临时联盟，这些联盟也是从联合国获得合法性的；第四层是由许多调节特定国家之间关系并确定具体领域的国际制度的双边和多边协议、条约和其他文件构成；第五层是一张绵密的网络，由包括企业和公民社会在内的非国家行为体之间的合同、伙伴关系和同盟构成。

中国方面强调指出，多边主义是国际关系的基础，多边主义不仅是国际社会彼此协作的方法，而且是价值观和政治意志的体现。多边主义的基础是开放性、普遍政治平等和利益均衡，实现多边主义的主要手段是磋商和谈判。坚持多边主义原则，不仅要否定霸权主义和单极思想，同样重要的是要遵守同世界各国保持平等的原则。

（二）联合国改革与中俄合作

1. 联合国改革的任务

中国和俄罗斯一贯主张维护联合国在国际事务中的核心作用。两国作为建立市场经济的发展中大国和联合国安理会常任理事国中最大的欧亚国家，强调遵守《联合国宪章》宗旨和原则的必要性，反对任何损害联合国地位和削弱其影响的行为。两国强调联合国安理会在维护国际和平与安全方面的关键作用。

2020 年是联合国成立 75 周年，这再次推动人们讨论联合国改革的前景。联合国成立数十年来，活动的规模和使命发生了重大变化，已大大超出创始国的设想。联合国的历史是一部不断改革和创新的历史：为了解决在冷战条件下维护和平、吸收新的独立国家、保障发展和完善保护人权制度等任务，联合国在国际关系方面采取了创新措施。当前联合国面临的挑战是系统性和根本性的。联合国的现有机制和议程远远不足以应对这些挑战。要应对全球性威胁、推进全球治理、为“我联合国人民”服务，联合国需要“变革”，而不仅是“修补”。联合国改革要以实现联合国的转型和升级为目标。新冠肺炎疫情大流行，一方面对联合国构成前所未有的挑战，另一方面又凸显完善联合国的迫切性。

今天宜把联合国活动的焦点由避免世界大战转移到应对全球威胁上。21 世纪以来，在国际社会面临的威胁中，占据显著位置的是带有跨国性质的问题。为了有效应对全球性威胁，联合国需要有一种“能力逻辑”，即那些在解决全球性问题方面更有能力和贡献的行为体应拥有更多的话语权和决策权。

联合国会员国都有各自的国家利益，但联合国有更伟大的使命，即保障各国人民的福祉和人类的共同价值。联合国应引领全球，在保护人的基本权利和价值方面进行更大的变革和努力。

联合国不仅能够成为依靠主权国家解决共同问题的国际合作平台，而且能够成为全球治理机制。中国专家认为，联合国还应该发动和联合非国家行为体的力量，在世界政治中发挥它们的作用，从而形成新的全球治理机构。中方专家指出，为了更好地应对全球威胁、推动全球治理、服务会员国人民，联合国需要进行重大改革。

2. 联合国改革的可能方向

中俄两国都认为，联合国改革应是综合性的，应是一个基于会员国协商一致的渐进过程。俄罗斯方面强调指出，任何变革都应该经过认真准备，激进式变革将危及联合国系统。中国和俄罗斯都主张，联合国改革应该是民主的，应该在各方磋商过程中求得广泛共识。在第75届联合国大会专家讨论和辩论中，中国和俄罗斯提出了一系列改革建议，两国提出的建议就其原则基础和改革的具体方向而言是相近的，尽管在细节上可能有差异。

安理会改革处于联合国改革讨论的中心。尽管安理会的转型早已成熟，但这项改革的实施极其困难。俄罗斯认为，联合国安理会改革的目的是扩大非洲、亚洲和拉丁美洲发展中国家的代表性，同时又不损害安理会的效率和行动能力。俄罗斯认为，安理会只有在理事国既有代表性、但数量又不能太多的情况下才能有效工作。与此同时，应该保持安理会常任理事国现有的特权，包括否决权。

俄罗斯的立场是，必须继续通过政府间谈判的方式，寻求最佳改革模式。中方专家强调指出，安理会改革如果仅限于扩员而缺乏广泛的政治共识，强制推行个别国家为分享权力而提出的改革计划，必然造成会员国之间的分裂以及大国之间的矛盾，损害联合国安理会的权威，这既不符合中国和俄罗斯的利益，也不符合联合国改革的宗旨。

联合国的改革不能仅限于安全理事会的改革。中方专家认为，联合国的某些机构设置已经过时或难以胜任。以托管理事会为例，其使命在二十多年前就已经完成，作为六大宪章机构之一却依然存在，“名存实亡”。而处理与安全和发展同等重要的人权事务的人权理事会只是联大的下属机构，与安全理事会和经社理事会相比显然“名不符实”，需要提高人权理事会的地位。俄罗斯对改变人权理事会的地位持谨慎态度，不把它的活动同联合国安理会的活动相提并论，不主张对其进行实质性改革。

中国是世界上最大的发展中国家，是联合国安理会常任理事国。这一特殊地位决定了中国在联合国改革问题上独特的利益、角色和立场，在这一进程中能够起到独特作用。中国承担的会费与维和经费摊款已经位居第二，但由于历史和政治原因，中国认为其在联合国及其各个机构中的代表权不足。有鉴于此，中国希望通过联合国改革使更多的中国籍职员在联合国工作并在华设立更多的联合国分支机构。近年来，中国就联合国改革提出了一些新思想、新倡议：一是通过联合国改革推动构建新型国际关系和人类命运共同体；二是通过联合国改革加强包容性多边主义，促进全球伙伴关系；三是通过联合国改革推进共商共建共享的全球治理，提高应对全球性挑战的能力；四是通过联合国改革支持联合国在预防冲突、建设和平、可持续发展、南南合作等方面或领域取得积极成果；五是通过联合国改革加强国际组织间合作，打造人类卫生健康共同体。

还有一项共同任务是客观公正地讨论人权问题，在联合国主持下建立统一的全球反恐战线。

中国非常关注联合国在安全与发展方面的工作。中国正在积极实施这一领域的全球伙伴倡议。例如，设立了两项专门基金——中国—联合国和平发展基金、南南合作援助基金，目的是支持联合国和发展中国家实施《2030 年前可持续发展议程》，以及推动多边合作。中华人民共和国主席习近平宣布，将提供 5000 万美元，用于联合国应对新冠肺炎疫情大流行的人道计划；再向中国—联合国粮农组织托管基金提供 5000 万美元，用于第三阶段南南合作项目。在中国—联合国和平发展基金于 2025 年到期后延长有效期，在联合国范畴内建立全球地理信息知识与创新中心，建立可持续发展大数据国际研究中心，以完成联合国 2030 年可持续发展目标。

3. 中俄两国在联合国改革中的特殊作用

中俄两大国之间的协调是联合国机制有效发挥作用的关键。中俄关系展示了国与国之间协作的成功范例。两国不仅建立了双边全面战略协作伙伴关系，而且正在上海合作组织、金砖国家机制、亚信会议和“一带一路”倡议等框架下彼此协调。中俄在联合国及其改革问题上的合作具有特殊意义。

首先，中俄两国彼此协调，共同提出有关全球公域治理问题的观点。例如，中俄共同提出防止在太空部署武器、对太空物体使用武力或威胁使用武力的条约草案，目的是在联合国领导下促进太空非军事化和共同开发。中方专家认为，两国今后可以主张在联合国范畴内建立管理太空、极地、深海和因特网共同空间的规则和制度，让联合国在全球公域治理和人类命运共同体的建设方面保持主导作用。

其次，中俄两国在反对恐怖主义和跨国犯罪等非传统安全威胁方面协调行动，如上海合作组织的平台。在联合国范畴内也可以扩大这种合作，如在应对全球卫生健康方面。在联合国平台上反对非传统威胁的协作进展缓慢，作为安全理事会常任理事国，两国对维护联合国在该领域的领导地位担负着特殊责任。

最后，中国和俄罗斯依靠联合国的基础性作用，在解决地区热点安全问题上开展协作。中俄在传统上对某些国家和地区拥有政治和战略影响，在调解地区危机方面发挥了建设性作用。尽管如此，在应对这类挑战方面，联合国仍是预防冲突、维护和平和世界格局的主要平台。

在联合国议程中许多问题的表决上，中国和俄罗斯的立场经常是一致的。当前有一个迫切问题，即中国支持俄罗斯举行联合国安理会常任理事国领导人峰会的建议。在这个问题上，中国外交部和俄罗斯外交部之间已举行一系列磋商，通过比较中俄两国有关峰会日程和议题的新建议，形成这些建议“相互吻合的模板”，协商联合国五常峰会的日程和议题。

三、2020—2021 年中俄同第三方协作

（一）总趋势

与新冠肺炎疫情大流行有关的 2020 年全球危机使国际进程参与者之间的政治和经济矛盾急剧尖锐化。这里所说的尖锐化，完全适用于中国同美国的关系。有专家认为，欧盟在这种条件下多半是世界政治的消极参与者，是中国同美国争夺影响的对象。至于俄罗斯同美国、欧洲和印度的关系，则是新冠肺炎疫情之前开始的趋势的延续。

在 2020 年美国大选的背景下，在民主党的拜登执政后，中国同西方关系的消极趋势加强了。中国同印度的关系相当大程度上受到了两国军人 2020 年 6 月 15 日在加勒万河谷边境地区冲突的影响，这是自 1967 年以来流血最多的冲突。

现阶段中国同美国关系的重要特点、部分地也是中国同欧洲关系的重要特点，是美国于 2020—2021 年对中国提出的两大严重指控——新疆问题和把新冠肺炎疫情的起源归咎于中国。这两大指控对中国而言潜伏着许多严重的国际法后果，可能遭致种种制裁，一些国家可以根据国内法规提出司法诉求。

在这一时期，中国和俄罗斯继续相互支持，在国际议程的重大问题上协调努力。俄罗斯谴责并反对把新冠肺炎疫情流行诿过于中国，中国则支持俄罗斯对美军在世界各国保留生物实验室表示的忧虑。

（二）中国、俄罗斯和美国

1. 2020—2021 年中国和俄罗斯同美国的关系

俄美关系处于极低水平。美国指责俄罗斯干涉美国大选，实施网络袭击，破坏人权，以及从事其他破坏性行动。正如专家们所预言的，拜登政府继承了这一方针。2021 年初，双边关系再次发生危机，美国发起新的反俄制裁，俄罗斯的对应措施是严格限制美国外交使团在俄罗斯的活动。在美国方面提高反俄调门的背景下，驻华盛顿和驻莫斯科的大使被召回磋商。

在战略稳定领域显现了有限的积极趋势，具体来说是进一步削减和限制进攻性战略武器条约得以延期。2021 年 6 月 16 日，俄美峰会举行，在军控和战略稳定领域恢复了对话，在网络安全问题上启动了对话。专家们认为，就此而言，会晤的成果相当积极。毫无疑问，达成两国大使重返岗位的协议也是建设性步骤。但是只有在这些协议得到实现，两国建设性对话切实启动之后，才能对峰会结果做出充分评估。与此同时，仅在某些方面有选择地进行合作，这在可以预见的未来改变不了双边关系的对抗走势。

在 2020 年的大部分时段，中美关系继续迅速退化。从 2020 年 3－4月起，在新冠肺炎发病率上升的背景下，美国政界人士开始激烈提高反华调门，先是指责中国掩盖病毒起源，继则说病毒是非自然来源，暗示是在中国实验室合成的，因疏忽而流入周围环境。

特朗普政府成员发表了一系列纲领性讲话攻击中国。例如，美国国务卿蓬佩奥 2020 年 7 月 23 日在尼克松图书馆发表讲话，他把中美矛盾的根源说成是中国的马克思列宁主义制度，认为这种制度倾向于霸权主义和干涉他国内政。这实质上是要把改变中国制度作为关系正常化的条件。在特朗普政府的最后一天，蓬佩奥以国务卿的身份发表了官方声明，指责中国对“新疆维吾尔族居民实施种族灭绝政策”。考虑到《联合国防止和惩治种族灭绝罪公约》，以及一系列国家的本国立法，这种指责可引向深远的外交和法律后果。

2021 年 1 月解密并发布的美国国家安全委员会关于印太战略的报告（报告实际上是很久前撰写和生效的）证明，美国领导人的言论反映了美方是以政治目标为出发点。美国实施的是从外交和经济上孤立中国、破坏中国工业潜力、从宣传上压制中国的综合战略。

从 2020 年 5 月开始，美国对华制裁压力迅速升级。对中国的制裁行动在数量上已经超过对俄罗斯的各项限制。遭到制裁的中国公司有数百个。如果说美国原先打击的主要对象是技术和军工领域的个别公司，那么现在就扩展到各种不同经济门类的企业，从建筑业到纺织业，无所不包。中国也着手形成自己的制裁机制，其中包括 2020 年 9 月开始生效的不可靠组织清单，那些以美国制裁为由拒绝向中国公民和机构提供服务的外国公司，将被列入黑名单，损害中国利益的行为也将遭到报复。2021 年 6 月得悉，中国正在起草一项法案，根据这项法案，中方将可以对早先制裁过中国的外国实行制裁。这项法案被认为首先是针对美国的制裁措施。

在 2020 年 11 月美国大选前，曾有过民主党人执政后两国关系会趋于稳定的希望，但是希望未能实现。2021 年 2 月 4 日，拜登在有关对外政策问题的第一次纲领性演说中称，中国是“美国最严重的竞争者”。中美关系既不会出现根本性的转折，也不会保持现状，这首先是由美国国内形势决定的。今天，无论是民主党人，还是共和党人，都会显示对华强硬。考虑到特朗普对中美关系制造的多种障碍，这将大大限制拜登政府的活动空间。

2021 年 2 月 10 日，拜登宣布成立国防部中国问题特别战略工作小组，以全面分析中国政策，制定本国战略。该小组已经于 3 月 1

日正式开始工作，拟于6月中旬提出报告。中国专家强调指出，即使在冷战时期，美国国防部也从来没有成立过协调对某个具体国家政策的跨部门小组。

2021年3月18－19日，中美双方在安克雷奇举行中美战略对话，最后酿成外交纠纷。美国国务卿布林肯和美国总统国家安全事务顾问沙利文在会晤的对外公开阶段指责中国实行扩张主义政策及破坏人权，引起中方极其强烈的反应。拜登政府支持特朗普内阁对中国提出的种族灭绝指控，继续致力于从法律上肯定这项指控。2021年，拜登政府恢复对中国的指控，同时还在病毒来源问题上对世界卫生组织施加压力。美国继续在各个层面对中国实施限制，包括在贸易、技术、金融、因特网、信息领域，甚至在人道领域。

美国获得在全世界迅速巩固反华同盟的机会。拜登着手建立某种民主国家"价值观同盟"，开始筹备所谓"民主峰会"。美国新政府全盘接过上届政府的"印太战略"，中国方面认为其目的是在该地区建立由美国、日本、澳大利亚和印度组成的类似北约的机构。2021年3月12日，上述国家领导人举行了四方安全对话框架内有史以来第一次高级会晤。在这之前，2021年2月17－18日，北约国防部长举行了线上会议，其目的是缓和北大西洋同盟内部的离心倾向。由美国、英国、澳大利亚、加拿大和新西兰组成的"五眼联盟"得到加强，与日本的情报交换取得显著进展。

美国加紧发展同中国台湾的军事和军事技术联系。美国军舰以维护通航自由为名在南海和台湾海峡巡航。

由于新冠肺炎疫情以及由此带来的全球经济危机，中美第一阶段贸易协议未能执行。这一协议的一系列指标一开始就被认为是不切实际的。美国对华出口仅由2019年的1066.3亿美元增加到2020年的1246亿美元，而中国对美出口则从4520亿美元下降到4350亿美元。2020年中国进口的美国商品总额仅相当于协议拟定额的

60%。除此之外，美国公司在相当多情况下依然遇到技术转让要求，这并不符合协议的规定。特朗普政府曾就协议执行情况发表自相矛盾的声明，而且特朗普曾就此对中国表示不满，威胁要切断同中国的经济联系。

而拜登政府在上任的前几个月中，似乎对协议的执行情况总体满意；2021 年 6 月，传出双方就贸易问题恢复谈判的消息。美国之所以转变立场，可能是由于增加进口税在经济上毫无意义。中国公司在一系列生产领域处于垄断地位，而且美国又不可能迅速把生产能力、特别是把高技术生产能力从中国转移到其他国家，结果中国对美国出口并未急剧下降。而且，据穆迪公司数据，加税产生的费用 90% 以上由美国进口商承担，中国出口商仅承担其余的 10%。在这种情况下，美国实行的加税反而给美国经济造成额外负担，这会促使美国尽快以撤销加税“换取”中国方面的让步，哪怕是象征性的让步。

总的来说，中国和俄罗斯专家都认为，中国已经成为美国优先关注的对象。如果中国被美国看作长期的战略威胁，那么俄罗斯对美国来说更多是一个日常问题。2021 年 2 月 24 日，美国中央情报局局长威廉·伯恩斯表示，“敌对而凶猛的”中国是美国最大的地缘政治考验，而俄罗斯仅仅是一个“惹事生非”却“处于衰落中的”大国。在这个背景下，许多专家认为，美国提议举行俄美峰会的目的是希望稳定美俄关系，以腾出资源来遏制中国。

2. 拜登政府的政策与中俄关系

在俄美关系恶化、中美战略对抗上升的同时，中俄伙伴关系在继续加深。在外部压力不断加大的背景下，尽管中俄协作不取决于同美国的对立，不针对第三国，但考虑到中国与俄罗斯对重大国际问题的观点相近，两国战略协作正在上升到新高度。

中国外交部部长王毅说，2020 年，中俄两国在各领域的关系达到了有史以来的最高水平：两国战略协作“没有禁区，没有上限”。世界越是动荡不宁，中俄合作越要坚定前行。2021 年 3 月 1 日，中国国防部长表达了对俄合作的愿望，包括在设备、技术和联合演习领域。2021 年 3 月 23 日，中美在阿拉斯加的高层会晤刚结束，俄罗斯外交部长拉夫罗夫即对中国进行了疫情以来的第一次访问。中俄两国外交部长发表了《关于当前全球治理若干问题的联合声明》，就人权、民主和多边主义以及国际法准则阐述了中俄两国的观点。这意味着两国对全球治理领域的共同思想和观点作了系统化归纳。两国在各个级别和层次，特别是在最高级别领导人的定期接触，有助于双方不断完善伙伴关系模式，在地缘政治对抗条件下有效抵御外部压力。

尽管西方战略界认为，中俄彼此接近会对西方带来危险，应该把俄罗斯拉到自己一边，以压缩中国的战略空间。但是俄罗斯认为，在俄美相互对抗并且互信彻底缺失的条件下，在可以预见的未来实现这一计划的可能性极小。中国方面认为，美国的目的是防止俄罗斯变成中国在亚太地区的盟友，阻止中俄深化科技合作，说服俄罗斯并使其相信，只有同西方发展关系才能避免依附于中国。美国并不指望俄罗斯在短期内改变方针，而是着眼长远，期待俄罗斯新的精英会跟中国拉开距离。美国的外交决策者通过对中俄关系的长期观察，清楚中俄关系具有密切的战略性质。它实施“战略忍耐”政策，期待中国和俄罗斯今后逐渐发生变化。

今天，中国和俄罗斯需要对美国政策的变化做出反应。拜登政府在对外政策中迅速恢复多边途径，在相当大程度上是试图修正特朗普过分的单边主义行为。中国专家认为，尽管拜登团队发表了许多直接或间接的声明，但美国对中俄以及地区安全和全球治理的政策尚在定型的阶段。

（三）中国、俄罗斯与欧盟

1. 俄罗斯和中国同欧盟的关系

俄欧关系从 2014 年起处于低点，双边关系每年都发生危机。2020—2021 年，由于所谓纳瓦利内案件和一系列间谍事件，特别是指控俄罗斯特工部门在捷克和欧盟其他国家的非法活动，俄欧关系再次激化。欧盟和欧洲国家不断批评俄罗斯违反人权，俄罗斯认为这是干涉内政。

与此同时，欧盟依然是俄罗斯最大的贸易伙伴，在俄罗斯外贸额中占比达到 38.5%（不算英国占比为 33.8%）。2020 年，双边贸易额达到 2188 亿美元（不算英国则为 1922 亿美元）。欧盟国家在对俄罗斯经济的直接投资中传统上占领先位置。互信缺失、政治关系紧张和制裁行动，无疑对经济关系造成消极影响。同 2013 年相比，欧盟在俄罗斯对外贸易中的份额显著下降。由于对俄强硬路线拥护者呼吁停止实施“北溪—2 号”天然气管道项目和欧盟的主要伙伴美国实施制裁，俄欧旗舰型合作项目——“北溪—2 号”天然气管道——不断遭到威胁。

中国同欧洲关系的特点是政治与意识形态层面的矛盾同互利经济合作并存。例如，据不同统计，2020 年中国同欧洲的贸易额达到 6495 亿美元或 7090 亿美元。就货物贸易而言，中国首次成为欧盟最大的贸易伙伴。欧盟对华直接投资达 57 亿美元，中国对欧盟国家直接投资为 47 亿美元。2020 年 9 月 14 日，《中欧地理标志协定》正式签署。在疫情背景下，中国向欧盟提供大量医疗设备和个人防护器材。双方还在疫苗问题上达成协议，例如中国向匈牙利提供疫苗。

2020 年，中国与欧盟继续积极完成全面投资协议谈判。这项协议将取代中国同欧盟25国签署的一系列双边条约，显著扩大欧洲公司投资中国各个经济领域的渠道。2020年12月30日，中国和欧盟领导人宣布，就协议进行的谈判已按进度完成，并就协议的实施条件达成原则性共识。考虑到美国强烈反对这一协议，这是中国经济外交的重大成就。中国方面对这一协议寄予厚望，希望为双方投资参与者建立可靠的高级别投资保护机制，协议有助于满足欧盟多年来对中国提出的要求，为启动自由贸易区谈判打下基础。但是在2021年5月，欧盟因所谓新疆人权问题对中国实施多轮制裁，中国还予以反制裁，此后进一步签署和批准协议的进程停止。2020年以来，欧洲方面在人权和少数民族问题上加紧批评中国的政策，在双边和多边平台上不断提出香港和新疆问题，凡此种种都被中方看作干涉中国内政。

一系列欧洲国家主张审议中国对疫情传播的责任问题，欧洲议会早先曾批评中国政府的防疫措施，指责中国利用疫情扩大影响，并据此呼吁重新考虑同中国的关系问题。2021年6月，欧盟委员会指责中国和俄罗斯在互联网上散布有关新冠肺炎病毒的虚假信息。中国对外政策的新风格，特别是在发达国家抗疫失败的背景下强调本国抗疫成就，引起一系列欧盟国家特别是法国的不满。

由于美国外交积极做工作，加上欧洲国家自身对中国不满，中国华为公司被包括德国和法国在内的一系列欧洲国家有形无形地排除在建立5G网络的投标者之外。波兰、立陶宛和捷克等中东欧国家，批评欧盟对华关系最积极。中国专家指出，在俄美对抗和乌克兰危机的背景下，某些中东欧国家对华态度开始恶化。这导致欧盟成员国在对华合作问题上的立场分歧加深。例如，在中国同中东欧国家领导人2021年在“17+1”框架下举行的会晤中，某些欧洲国家仅派外交部长级代表出席；2021年5月，立陶宛宣布不再参加这一会晤。欧盟传统上对这一机制怀有戒心，担心中国“离间”欧盟国家。

由于政治气候恶化，中国同欧盟的经济关系遭遇越来越大的压力。与此同时，俄罗斯专家认为，欧盟同中国在经济上有密切联系，欧洲无法对华采取过激行动。欧盟的许多文件，包括 2021 年 4 月通过的欧盟印太战略基础条款，都强调指出发展对华合作的重要性。

2. 中国、俄罗斯和欧盟发展三方合作的可能性

预计中国和俄罗斯同欧盟的关系将包含合作与对抗两种因素，但在政治关系紧张的条件下，务实合作的空间将会收缩。与此同时，三方在对国际社会有特殊重要意义的共同关心问题上提出联合倡议，将是对全球繁荣和地区协调发展的贡献。

中国、俄罗斯和欧盟都积极支持《巴黎气候协定》。考虑到能源在俄罗斯出口中占比相当大，减少碳排放和“向绿色经济过渡”对俄罗斯相关部门来说是敏感问题。尽管如此，全球转暖对俄罗斯的消极影响，包括对北极和冻土带生态系统的威胁、土地荒漠化和粮食产量减少的威胁，决定了“绿色”议程对俄罗斯的高度迫切性。三方之间务实的具体合作，可以涉及减少排放、提高能效、替代能源、新能源技术、能源补贴，以及能源政策的其他问题。

俄罗斯地处中国与欧盟之间，这决定了三方在发展基础设施网络方面的合作有相当大的潜力。中国专家指出，2018 年欧亚联通战略指出，布鲁塞尔将致力于吸引国际投资，以便开发大型基础设施项目，实施 2014 年欧盟基础设施投资计划（即所谓“容克计划”）和欧盟对外投资计划。有鉴于此，在建设交通走廊方面开展欧亚协作很有前景。

协同发展中国的“一带一路”倡议、俄罗斯的欧亚经济联盟和欧盟的欧亚联通计划，以及共同制定中亚、高加索和西巴尔干多边倡议，将符合三方利益。利用人才、技术和资金的互补，推行三方

在各领域的最佳管理实践，可以对缓和政治分歧，对发展交通发达、人员自由流动、政治对话顺畅、金融联系活跃的和平、稳定、繁荣的欧亚大陆做出贡献。与此同时，考虑到欧盟国家对“一带一路”倡议日益增长的警惕、对同欧亚经济联盟合作的疑虑，在可以预见的未来实现这些远大目标的可能性很小。

三方对北极地区的和平发展与繁荣也特别感兴趣。三方可以依靠各方的技术优势就气候变化、科学考察、海洋运输和北极资源开发展开对话，同时不涉及军事和安全问题。北极理事会可以作为这项对话的平台：俄罗斯是北极理事会的创始国和成员国，中国已经获得该组织观察员国地位，欧盟国家中既有北极理事会成员国，也有观察员国，可以观察北极理事会的活动，欧盟甚至可以被授予北极理事会观察员的地位。

在疫情条件下，具有特殊意义的还有齐心协力抗击新冠肺炎病毒，包括科技合作，还可以合作研制和交流疫苗与药物。与此同时，欧盟把抗疫政治化，搞所谓“疫苗外交”，这给该领域的协作带来麻烦。

（四）中国、俄罗斯和印度

俄印之间存在密切的友好关系，两国形成了特殊优先战略伙伴关系，其基础是俄罗斯与印度对国际格局的根本性问题持相近的观点，两国人民拥有彼此友好的传统。在务实领域，俄印合作的基础是军事技术和能源领域的稳定联系。与此同时，俄印两国经济合作的规模不大：2020 年两国贸易额仅达到 92.6 亿美元，在疫情条件下下降 17.6%，比俄中贸易额和中印贸易额都要少得多。

最近几年来，在印美合作加强、俄美对抗加剧的背景下，有人认为俄印伙伴关系水平下降。此外，俄印在一系列地区发展的原则性问题上出现分歧。这首先涉及印度参加美日印澳四方安全对话，推动印太概念，而俄罗斯把印太概念看作美国旨在遏制俄中——首先是遏制中国——并限制俄罗斯参与地区事务潜力的倡议。与此同时，俄印双方都努力缓和现有矛盾，尽管美国在一系列问题上施加压力，印度并没有放弃同俄罗斯的密切合作。可以证明的是，2021 年 4 月 28 日俄印宣布启动两国外交部长和国防部长参加的“2 + 2”对话机制。

中国专家认为，对印度而言，俄罗斯的意义正在下降，印度精英越来越面向美国。例如，印度外交部长苏杰生在《印度之路：应对不确定世界的战略》一书中，对俄罗斯的关注少于对美国和日本的关注。中国方面预测，印度虽然不会挤压俄罗斯的利益，但也不会遵循俄罗斯的战略路线，今后将仅限于在对外政策的某些问题上支持俄罗斯，同时继续与美国密切合作。与此同时，印度希望印俄之间保持战略关系，通过大量购买军备，防止俄罗斯同巴基斯坦走近。

跟俄印协作不同的是，现阶段中印关系的发展相当复杂。2020 年，首先是由于边界形势复杂化，中国同印度的分歧在几个方面同时发展。

边界问题在中印关系中并非新问题。近年来，两国边界摩擦虽然年年发生，但都通过外交方式得到顺利解决。2020 年 6 月发生的加勒万河谷冲突相当尖锐，成为 1967 年以来流血最多的一次冲突。此后在争议地区，包括在班公湖地区，继续发生摩擦。边境冲突使印度政治中的反华情绪猛烈上升，对两国务实合作采取大量限制措施。中国在这期间没有回应，一连数月避免在媒体上就此发表长篇报道。与此同时，双方在冲突后都力求避免关系恶化失控。经过数轮会谈，双方军队于 2021 年 2 月 10 日开始从实际控制线后撤，中印边界西段形势渐趋正常，尽管边界问题本身依然处于僵局状态。

2020 年，印度致力于在经济领域同中国“脱钩”。对华贸易赤字是印度最大的外贸赤字，印度对此一直耿耿于怀。印度方面多次声明，从中国的大量进口造成印度某些工业领域“失血”，削弱了本国生产能力，阻碍了工业发展。与此同时，正如中国专家指出，印度希望更多地从中国进口印度发达的制药业和信息技术服务业所需要的原料和器件。在美国奉行生产链“去中国化”政策的背景下，印度看到了在制造业领域取代中国的潜在机遇，积极推动美国和日本公司把生产能力转移到印度境内。

印度主动限制在经济和技术领域同中国伙伴的合作。2020 年 4 月 18 日，印度宣布，出于国家安全考虑，限制中国投资。在加勒万河谷冲突后，印度采取了降低经济对华依赖的回应性决策，在中国看来，这些都是非理性决策。印度禁止中国公司和中国合资企业参与其基础设施建设，抵制中国商品，撤销同中国公司签订的商务合同。2020 年 6 月 29 日，印度政府为了“国家安全”，禁止 59 种中国移动电话入网，包括“字节跳动”，后又增加到 200 种。

与此同时，印度对中国的经济依赖仍然存在。2020 年，根据不同的统计，双边贸易额为 876 亿美元或 777 亿美元，中国取代美国成为其最大贸易伙伴。

从地区与全球战略角度看，中印矛盾继续上升。令中国感到不安的是印度同美国保持密切关系，印度参加美国的印太战略；印度在地区层面最担心的是中国同巴基斯坦关系的发展，以及中国在南亚国家的影响力增长。

2020 年，印度在国防领域同美国的战略合作显著增强。2020 年 2 月 24 –25 日，特朗普对印度进行了首次访问，目的是把两国关系提升到全球全面战略伙伴关系的高度。双方达成了采购 30 亿美元武器的协议，包括 MH –60R 和 AH –64E 直升机。2020 年 10 月 27 日，印度与美国的外交部长和国防部长在“2 +2”模式的会晤期间，签署了在国防领域交流与发展合作的基础协定。早些时候，两国于2016 年签订了物流合作备忘录，2018 年签订了通信和安全器材兼容协定（COMCASA），这使两国武装力量彼此能够共同使用军事基地、侦察和通信系统。中国专家认为，据此可以把印度看作是美国的准盟友。

印度还在地区事务中加强了对美战略协调。2020 年 10 月 6 日，美国、日本、印度和澳大利亚四国外交部长在四方安全对话机制框架内举行了会晤，2021 年 3 月 12 日举行了四国机制首次峰会。此外，2020 年 9 月 10 日，印度与日本签署了国防物流领域合作协定，根据这项协定，两国将交流资源，并相互提供物流支持。2020 年 6 月 4 日，印度同澳大利亚缔结了相互提供物流支持协定。2020 年 11 月，在四方机制框架内举行了“马拉巴尔”海军演习，这是四国 13 年来第一次。

中国对南亚的外交也摆脱了对印外交的束缚。在抗疫过程中，中国对尼泊尔、斯里兰卡、孟加拉国、马尔代夫的抗疫都提供了重要支持。中国与巴基斯坦的关系尤其得到进一步提升。新冠肺炎疫情暴发之初，巴基斯坦总统阿尔维于 2020 年 3 月 16－17 日访华，显示对中国的大力支持。在中印边境对峙期间，巴基斯坦多次声援中国。中巴同时加强了三军交流合作，陆军“勇士”演习、空军“雄鹰”演习和海军“海洋卫士”演习都在 2020 年顺利展开并有所拓展。2020 年 11 月 30 日，中巴还签署了加强防务合作的谅解备忘录。

中印关系今天处于低水平。两国关系的战略基础已经被破坏，短期内难以恢复。两国社会舆论对另一方都持极端负面的态度。在疫情条件下，两国领导人没有个人接触，贸易经济合作的发展受到限制，这进一步加剧了关系恶化的趋势。

中国方面强调指出，中国依然把中印关系看作有重大战略意义的关系。2021 年，中国外交部部长王毅指出，中印边界争议是历史遗留问题，不是中印关系的全部，但印度方面并不完全支持这一看法。印度战略界精英们普遍呼吁，印度要“重新定位”中印关系，要“同美国结盟”以对抗中国。印度外长苏杰生还是坚持，只有边界实现稳定才可能发展中印关系。

俄罗斯专家认为，加勒万河谷边界冲突后反华情绪的上升，将对印中关系产生长期后果，但不会导致印度对外政策原则的根本改变：印度在安全领域加强对美协作，但不太可能放弃在对外政策问题上的战略自主。

中印两国紧张关系的缓和符合俄罗斯的长远战略利益。2020 年 9 月，在俄罗斯的斡旋下，中印两国防长和外长在莫斯科就调解边界冲突举行会晤。毫无疑问，俄罗斯同其他大国一样，对中国与印度政策的影响有限，但是俄罗斯可以在三边或多边机制内，包括通过金砖国家和上海合作组织平台，促成两国互动并寻求妥协。俄罗斯方面认为，可以成为三方合作对象的有：俄罗斯北极项目和远东项目、技术、医疗、食品生产以及其他领域。中国专家认为，印度同中国有矛盾，俄罗斯对印度的重要性下降，在发展同其他大国伙伴关系的背景下，中印俄三边合作的前景难料。

四、中俄经贸合作：疫情的教训

（一）2020 年中俄贸易

疫情经验证明，尽管中俄经贸关系呈现强劲积极动态，但外部环境仍对两国发展造成负面影响。疫情削弱中俄合作势头，根据中国海关总署数据，中俄贸易额自 2015 年起呈连续增长态势（见图

1），然而目前中俄贸易额降至 1078 亿美元，跌幅为 2.9%。双方贸易下降的主要原因是俄罗斯向中国出口额下降 6.6% 至 572 亿美元。而中国向俄罗斯出口商品增加至 506 亿美元，涨幅达 1.7%。俄罗斯联邦海关署显示的数据跌幅更为严重，根据俄海关署数据，中俄双边贸易额为 1039.7 亿美元，同比下降 6.7%，其中俄罗斯出口下降 14.4%。

尽管世界经济萎缩，疫情可能进一步诱发经济损失，相比之下中俄贸易跌幅不甚明显，特别是 2020 年双方贸易额第三次突破 1000 亿美元，双方贸易甚至收获积极成果。此外，中国在俄罗斯外贸中占比达 18.3%（增长 1.7%），达到目前中俄经贸关系最高水平。中国连续 11 年位列俄罗斯贸易伙伴之首，而 2020 年俄罗斯是中国第 11 大贸易伙伴。

2021 年，疫情仍将对中俄双边贸易产生影响，不过随着疫情形势转好、防控措施逐步取消，中俄贸易有望回暖。根据中方数据，2021 年第一季度中俄贸易额同比上涨 15.4%。俄罗斯对华出口额下降 0.1%，中国对俄出口增长 42.7%。

疫情防控措施导致的物流运输限制是 2020 年中俄贸易额下降的主要原因。中国在边境点实行限制措施，导致货运停滞。此外，防控限制措施重创俄罗斯渔业产品出口。因卸货工人新冠肺炎病毒检测呈阳性，中方拒绝俄罗斯船只向中国出口海产品（9 月青岛港关闭，12 月大连港关闭），导致海产品供应商因仓储能力不足、国内需求低迷而蒙受巨大损失。

中俄贸易额下降同样与中国经济增速放缓有关，2020 年中国经济增速达 45 年来最低，为 2.3%。这导致中国对俄罗斯主要出口商品的需求下降，特别是矿物燃料、石油和石油产品（见表 1）。上述商品出口额达 334 亿美元，同比下降 21.6%。不过，中国从俄罗斯进口的能源载体不断增长。截至 2020 年底，俄罗斯是中国第二大原

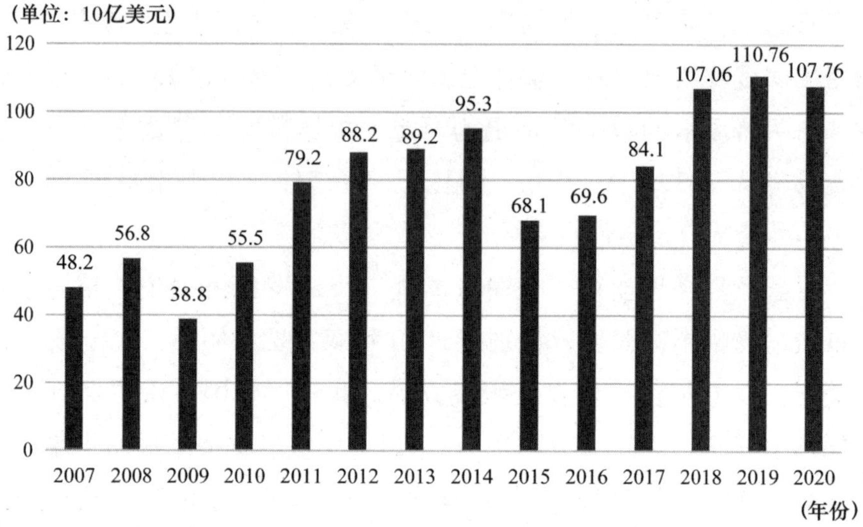

图1　2007—2020年中俄贸易额

资料来源：построено А. В. Ларионовым на основе：Развитие торгово－экономического сотрудничества России и Китая／Российско－китайский диалог：модель 2020：доклад No 58/2020／С. Г. Лузянин，Х. Чжао，А. В. Кортунов и др. － М.：НП РСМД，2020.

油供应国。截至2020年12月中旬，俄罗斯通过“西伯利亚之力”管道向中国输送38亿立方米天然气，超出既定输送量25%。

俄罗斯一系列商品出口呈下降态势，包括：木材和木材制品（－14%）、纸浆和纤维素（－7.1%）、肥料（－13.5%）、机械设备（－9.3%）。不过，2020年俄罗斯有色金属、黑色金属、宝石和贵金属纷纷呈现增长态势，涨幅分别为42.1%、314.5%和136.1%。金属行业贸易额上涨的原因包括中国疫情后的经济复苏和价格上涨，2020年由于疫情影响，金属价格上涨（当年12月热轧钢的价格上涨至700美元）。

此外，农产品和食品呈现稳中向好态势，涨幅达13.9%，印证了两国增加供应的合作机制能够在疫情严苛条件下展现其效率。数据显示，中俄农产品贸易额在 54 亿 –55.5 亿美元区间内。中国成为俄罗斯农产品和肉制品最大进口商。2021 年，俄罗斯向中国出口的食品预计将进一步上涨，两国应进一步推动农产品供应商对华出口试点项目，如 2019 年得益于国家扶持，对华禽类出口供应商清单得到扩大。据报道，2020 年 12 月，“俄罗斯农业”集团（Rusagro）计划将向中国山东省出口首批奶粉。2021 年，基于积极反响，两国计划进一步推动该方向合作。

表 1　2020 年俄罗斯向中国出口商品结构

商品类别	出口额（百万美元）	在总出口额中占比（%）	与 2019 年相比变化（%）
矿物燃料、石油、石油产品	33385.39	58.4	–21.6
有色金属	4454.49	7.8	42.1
农产品和食品	4082.45	7.1	13.9
木材和木材制品	3709.69	6.5	–14.0
矿石、炉渣、炉灰	3427.55	6.0	53.7
黑色金属	2171.9	3.7	314.5
化工及相关产业产品	1616.9	2.8	27.9
珠宝和贵金属	1512.04	2.6	136.1
纸浆和纤维素	806.38	1.4	–7.1
肥料	660.76	1.2	–13.5
机械设备	518.06	0.9	–9.3
纸、纸板及其产品	368.92	0.6	102.6

资料来源：составлено А. Ларионовым на основе：Аналитическая справка и статистические данные по внешней торговле России и Китая в 2020 г. // Торговое представительство Российской Федерации в Китайской Народной Республике. URL：http：//www. russchinatrade. ru/ru/ru – cn – cooperation/trade_ru_cn.

较之俄罗斯出口，中国对俄出口呈现积极涨势（见表 2）。其中，机械设备出口涨幅明显。在现有趋势基础上，2021 年机械设备出口额总量有望增长50%。由于疫情影响，笔记本电脑和平板电脑需求上涨，中国对俄两项商品的出口分别增长39%和29%，中国制造的手机在俄市场上占据销售额首位。此外，中国对俄出口中下列产品也呈现增长态势：纺织材料和纺织品（+13.2%），工业产品（+27.8%），纸、纸板及其产品（+17.2%）等。此外，防疫防护类商品也成为中俄贸易的重要组成部分。

部分商品出口额下降，包括：农产品和食品（-23.7%）、未加工生皮和皮革（制革原料）、天然皮及其产品（-37.8%）。

表2　2020年中国对俄出口商品结构

商品类别	出口额（百万美元）	在总出口额中占比（%）	与2019年相比变化（%）
机械设备	25063.06	49.5	10.8
纺织材料和纺织品	5403.3	10.7	13.2
化工及相关产业产品	4947.79	9.8	7.7
非贵重金属及其产品	3701.62	7.3	-4.5
工业产品	3594.457	7.1	27.8
未加工生皮和皮革（制革原料）、天然皮及其产品	2304.459	4.6	-37.8
鞋子、帽子、雨伞、手杖	1770.45	3.5	-20.4
光学仪器、摄影仪器、控制器、乐器	1498.33	3.0	22.4
农产品和食品	1392.82	2.8	-23.7
石材、石膏、水泥、石棉、云母、陶瓷制品、玻璃制品	992.296	2.0	15.6
纸、纸板及其制品	319.345	0.6	17.2

资料来源：составлено А. Ларионовым на основе Аналитическая справка и статистические данные по внешней торговле России и Китая в 2020 г. // Торговое представительство Российской Федерации в Китайской Народной Республике. URL：http：//www.russchinatrade.ru/ru/ru-cn-cooperation/trade_ru_cn.

2020 年中俄贸易动态和贸易结构仍保持前年趋势。为推动双边贸易质和量的提升，两国加强了在省市和地区层面上的合作，推动基础设施发展。

2020 年中俄两国借助跨境电商推动该领域发展。疫情期间，网购和物流运输为各类产品提供销售机遇。根据中方数据，已有 1 万家俄罗斯企业在全球速卖通（AliExpress）上注册。在阿里巴巴集团、Mail. ru 集团、Megafon 和俄罗斯速卖通共同开设的线上平台上，俄罗斯销售商数量达 3. 5 万家，在一年间增长 6 倍。俄罗斯产品推广活动期间在中国淘宝网上的热销证明其在中国市场拥有巨大潜力。2021 年俄罗斯通讯运营商 MTS 与中国小米签署合作协议也成为双边贸易合作的典范之一。此外，小米门店将支持 MTS 服务，而在 MTS 门店中将销售小米产品。

为推动双边合作，两国将基于地区和国际经验推行针对性的机制和规划，设立合作新目标，包括将贸易额提升至 2000 亿美元（按计划，通过落实已制定好的《路线图》，将于 2024 年达成该目标），以协调两国相关措施。

中方认为，提升市场开放度能够充分挖掘两国贸易潜力，其中包括农业领域，中国不断降低对俄食品进口门槛，提升了 2020 年俄罗斯冷冻禽类、乳制品、大麦、饲料、奶粉、大豆等产品对华出口额。同时，针对俄罗斯对梨、核果等中国产品采取的植物检疫措施，中方表示十分关切（2019 年起），而俄方表示这是由于供应产品中出现感染危险病菌而导致的。此外，2019 年起，中国增加从俄罗斯各地区进口大豆。然而，2021 年 1 月初，俄罗斯采取新措施，将在 2 月 1 日—6 月 30 日期间对大豆向欧亚经济联盟区域之外出口征收关税，税率占海关价值的 30%，但每吨不得低于 165 欧元。这导致双边农产品贸易出现失衡。截至 2020 年底，中国对俄罗斯农产品出口额在 13. 925 亿—14. 6 亿美元的区间内，为过去 5 年最低，而中国从俄罗斯进口农产品总额达40.9亿美元。

为推动贸易自由化，中方建议借鉴中国与其他国家的合作经验。2020年11月15日，包括中国在内的东亚15国签署《区域全面经济伙伴关系协定》，协定于2021年起生效。根据协定内容，成员国将在未来20年间对超过90%的商品取消或大幅降低关税，简化贸易流程。中国与欧亚经济联盟签署的经贸合作协定中针对简化贸易手续也有相关规定，但其规模远小于15国签署的协定。此外，2021年1月26日，中国与新西兰签署了《自贸协定升级议定书》，其中规定，两国将通过逐步降低关税的方式，在10年间逐步免除99%的新西兰林业产品和纸制品进入中国市场的关税，而在未来3年间将免除新西兰奶粉的进口关税。

中国同样从俄罗斯进口木材、纸制品和奶粉，在未来俄罗斯企业将在中国市场上遭遇更为激烈的竞争。此外，签署相关协议需要双方审慎评估既得利益，特别是中俄合作和两国市场体量。

中俄两国应借鉴地区先进经验，关注如何简化贸易流程，以降低贸易成本。例如，2021年2月21日，由联合国亚洲及太平洋经济社会委员会倡导发起的《亚洲及太平洋跨境无纸贸易便利化框架协定》在中国正式生效。该协定将促进电子形式的贸易数据和文件的互认，提高本地区国际贸易的效率和透明度，大幅简化通关手续，降低通关成本。作为联合国亚洲及太平洋经济社会委员会成员，俄罗斯虽参与了协定谈判，但却并未完成文件内部审议工作。

（二）跨境运输

疫情对空运和海运带来沉重打击，而铁路运输却不降反增。2020年，中欧班列共开行12400列，同比增长50%。3548列中欧班列通过满洲里口岸进出中俄边境，占列车总量的20%以上。为完善网购商品的运输流程，2020 年 7 月，中国发送了首列面向欧洲消费者的电商货物列车。通过开设经由跨西伯利亚铁路的新路线，中欧班列的时间和运输成本将大大降低。

跨境运输的发展同样暴露了一系列基础设施短板。例如，中方认为，中俄边境通关口岸拥堵的原因并不仅是疫情防控措施，更是由于铁路集装箱数量短缺（无法共用）、俄罗斯缺少货运列车以及俄方口岸检查点通关流程效率低下。为充分利用中欧货运机遇，俄方应加快铁路运输设施现代化，加强货运吞吐能力，提升边境口岸运输和通关手续效率。

（三）相互投资和金融领域合作

与 2019 年初相比，中俄投资合作呈现回温的积极态势。2020 年初，中国对俄直接投资达 37.4 亿美元（见图 2）。截至 2021 年 1 月 1 日，根据俄罗斯央行数据，中国对俄直接投资额为 21.7 亿美元。根据中方数据，2020 年中国向俄罗斯经济投入 3.4 亿美元非金融直接投资（+41.7%）。此外，两国签署的承包项目协议总额达 58.7 亿美元，占中国对欧洲方向新承包协议总金额的 30% 左右。

俄罗斯在与中国开展金融投资合作时坚持俄方提出的逐步“去美元化”原则。2021 年 2 月，俄罗斯宣布将国家福利基金中的美元和欧元比例降低至 35%，并纳入人民币（15%）和日元（5%）。

然而，中俄本币结算仍处于较低水平，这很大程度上受卢布动荡影响。例如，在欧亚经济联盟与中国的合作中，卢布和人民币结算占比不到 15%。增加本币结算的比例将推动两国支付体系基础设施的发展。在降低跨境转账成本的条件下，必须保证两国消费者能够使用。部分俄罗斯银行已开始落实上述战略，例如，据消息称，2020 年俄罗斯外贸银行有望在中国上海设立办事处。

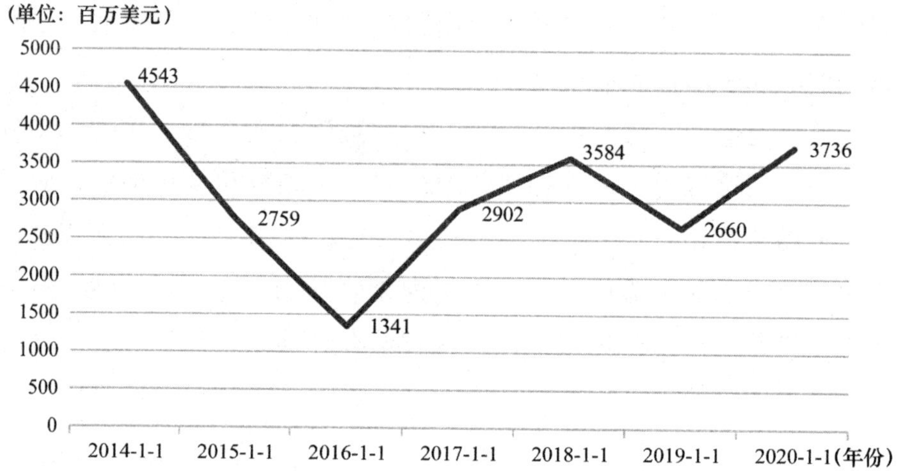

图2　中国对俄罗斯直接投资结转余额

资料来源：составлено А. Ларионовым на основе Статистика внешнего сектора // Банк России. URL：https：//www. cbr. ru/statistics/macro_itm/svs/.

发展投资潜能需提升双边合作机制，挖掘新合作渠道。俄方多位专家认为，“一带一路”倡议缺乏机制结构，这限制了俄罗斯参与共同项目的可能。“大图们江倡议”是合作机制化的范例之一。

（四）地区合作

投资和经贸合作潜力的挖掘也与地区合作相关。2020 年，中国成为俄罗斯远东、西伯利亚、乌拉尔和西北联邦区最大海外伙伴国。2020 年，中国与俄罗斯伏尔加联邦区双边贸易额增速达 7.3%。

俄罗斯远东地区与中国东北地区的传统合作不断发展。中俄两国修正《中俄在俄罗斯远东地区合作发展规划（2018－2024 年）》，将布里亚特和外贝加尔边疆区也纳入其中。在俄罗斯远东开展合作的优先方向包括能源、农业（大豆加工等），投资合作则侧重可持续发展和基础设施，特别是提升俄罗斯与中国乃至东北亚的整体合作。特别经济区仍是两国该领域合作最具前景的方向。

中俄接壤的优势降低了跨境运输的成本（与外贸引力模式相结合），俄罗斯与中国黑龙江省合作的“俄品多”商店项目便是例证之一。推动地区合作的优先方向是落实俄罗斯产品的生产。疫情期间，中方对俄罗斯商品的需求不断增加。此外，海关检查手续的简化也有助于推动两国合作，降低非关税限制将激励更多商家参与合作。

新冠肺炎疫情对中俄地区合作造成负面影响，俄罗斯远东地区首先遭到打击。根据专家评估，符拉迪沃斯托克和布拉戈维申斯克的酒店、餐饮和旅游业受影响最为严重；而从地区整体角度出发，中国劳动力停止入境以及中国农产品和建筑企业退出当地市场将造成严重问题。

此外，地区合作也需要国家的扶持。例如，2020 年 9 月 25 日，中国长城汽车制造商与俄罗斯工贸部签署专项投资合同，在协议框架下，双方商定二阶段投资额达 424 亿卢布。此外，在俄罗斯图拉州建设本地化工厂将创造超过 300 个工作岗位。

五、中俄科技合作：创新年中期成果

（一）科技合作概述

中俄科技合作是两国合作的重要组成部分，在合作多元化、扩大合作形式、摆脱过于依赖贸易形式合作方面具有重要意义。未来 10 年间，落实创新科技项目、形成大科技合作地区、对接中俄科技潜能是两国面临的艰巨任务。为此，两国首先应简化行政手续、制定不威胁本国科技发展体系的合作方法、保障知识产权、扩大合作渠道、避免纸上谈兵。而这需要中俄对双方科技领域工作形式做出显著改变。1992 年 12 月 18 日签署的《俄罗斯联邦政府同中华人民共和国政府科学与技术合作协议》为两国科技合作奠定了法律基础，制定了合作原则。中俄两国签署的一系列议定书中对合作特点做出了规定，其中最具重要意义的是 1999 年 2 月 25 日签署的《中俄两国间知识产权保护和分配原则协议书》。

中俄总理定期会晤委员会科技合作分委会是开展双边技术合作的重要机制。分委会签署的协议书巩固并保障了科技合作中关键计划的落实。此外，分委会也肩负推动倡议的落实，包括扶持科研项目、联合研发项目、期刊发表、专家交流等。

中俄技术合作特点是能够迅速多线多方向落实，尽管它们并不总是完全协调，但符合开发新项目、拓宽合作领域的大方向。中俄科技合作主要体现在三种形式：高校科研、学术科研和中俄科学院合作，以及应用科学和研发。三线交汇，使各机制能够开展多层次多机构研发工作。俄罗斯科学和高等教育部是俄方主要协调机构，与中国开展高校和科研双线合作。而中国科学技术部为中方主要协调机构，负责科研机构合作（包括中国科学院、中国社会科学院等），以及扶持机构或高科技园区的科研工作。

过去 10 年间，中俄科研机构和高校间签署了多项科学、科技、科教合作协议，然而大部分仍停留在纸上，主要原因在于双方对如何将抽象计划和宣言内容落在实处缺乏概念。诸多倡议因学者交流和研讨会受到限制而无法落实，共同项目无法开展。不过，近年来，双方逐渐转向以高新技术为首的更务实的合作形式。

信息技术是中俄科技合作中最具前景的方向，包括数据网络传输安全、云计算和算法技术、人工智能、新能源和可再生能源、新材料和新加工技术、环保、绿色工程、机器人技术，也包括联合建设小型航天卫星在内的航天技术。此外，农业技术开发，特别是可持续生产作物和作物再栽培，也是双边科技合作重点。

根据中俄两国 2019 年 6 月 5 日签署的《中华人民共和国和俄罗斯联邦关于发展新时代全面战略协作伙伴关系的联合声明》，2020 年和 2021 年被定为中俄科技创新合作年。国家年的主要目标是推动中俄科技组织更加紧密和务实的对接，获得更实际的科研和科技成果。两国最初计划共同举行大规模科技创新年开幕式，然而由于复杂的疫情形势，2020 年 8 月 26 日，开幕式以视频形式举行，两国组委会代表和成员出席。疫情同样对科技创新年活动计划的落实造成影响，最初双方计划举办近千项活动。根据俄罗斯高等教育和科学部的统计，2020 年共举办了 500 项活动，包括俄方计划框架内的活动和额外项目。大部分活动以线上形式举办。2020 年共有 170 项俄方计划因疫情取消或延期至 2021 年。

《2020—2025 年中俄科技创新合作路线图》是两国技术合作的重要初步成果，路线图对两国合作的积极成果进行系统归纳，确定了两国合作的基本方向：数字技术、大数据加工系统、人工智能、无人驾驶系统、新材料和纳米技术、能源和新能源、节能技术和环保、信息通信技术、绿色农业技术、土壤科学、海洋技术、定制化医学、生物技术、生物医学和生物工程、认知科学和神经科学。两国在路线图框架内落实十多项活动，涵盖信息技术、人工智能、材料学、航空航天产业、自然资源和环保、教育和医学。

（二）科技合作的主要方向

尽管中俄科技合作方向的目录很长，但实际落实的只是一小部分。根据合作协议，双方应在物理学和天文学方面在中俄双边和国际多边合作中取得突破。例如，俄罗斯杜布纳联合核子研究所与中国一系列科研中心就“大科学装置”项目开展合作，推动两国科研机构就重离子超导同步加速器（NICA）设计建造开展合作。两国在2020年8月26日科技创新年开幕式上签署相关协议。双方共向NICA框架下的项目落实融资1900万美元。中国科学技术部将在四年内落实四个子项目，包括与中方10所MPD合作组成员大学共同开展NICA/MPD探测器建造工作；中科院等离子体物理研究所（位于合肥市）与联合核子研究所就高温超导储能磁体的研发、制造和研究，并用于NICA储能的建造。此外，中国也将推进热核反应堆大型项目的研究工作。2019年底，中俄激光联合实验室于上海正式建成。通过开展联合实验，两国专家计划通过超大功率激光装置从目前学科真空地带中提取物质进行研究。

近年来，太空是中俄合作的重要方向。2019年9月，俄罗斯国家航天集团公司（Roskosmos）与中国国家航天局签署了《俄罗斯联邦国家航天集团公司与中华人民共和国国家航天局关于协同实施“嫦娥七号”月球极地探测任务和“月球－资源－1”轨道器任务合作协定》以及《俄罗斯联邦国家航天集团公司与中华人民共和国国家航天局关于建立联合月球与深空探测数据中心的合作协定》。此外，两国还签署了《关于合作建设国际月球科研站的谅解备忘录》，未来将计划起草相关路线图。两国计划向相关国家和国际伙伴开放空间站。中俄两国在地球遥感、月球和深空研究、航空电子组件、太空垃圾监测等领域取得一系列积极成果。此外，在科技创新年期间，中俄两国学者计划借助500米口径球面射电望远镜（FAST）开展共同观测工作。

疫情期间，医学合作成为深化两国合作的优先方向。两国医学合作已超越信息交流范畴，双方开展传染学专家交流。举办防疫研讨会等。中国外交部向俄罗斯科学院西伯利亚分院提出邀请，将其科研资源整合纳入共同抗疫工作，然而当时该分院并未设立相关研究机构，导致俄方学术界科研资源并未被纳入俄罗斯卫生部工作中。俄罗斯医学科学院梅奇尼科夫疫苗与血清研究所与中国科学院微生物所签署合作谅解备忘录，将共建中俄新型冠状病毒联合实验室。俄罗斯“矢量”国家病毒学与生物技术研究中心与中国生物技术发展中心开启合作。俄罗斯基础研究基金会与中国国家自然科学基金委员会宣布资助针对新冠肺炎疫情的基础科研项目。

俄罗斯“卫星 V”疫苗生产商与中国企业开展合作谈判。俄罗斯 Petrovax 制药公司与中国康希诺共同在俄罗斯开展 Ad5 - nCoV 疫苗三阶段临床测试，并取得积极成果。抗疫药物研究方面，中国向俄罗斯提供了新药物“法维拉韦”的临床试验数据。此外，俄罗斯卫生部已批准中方药物阿兹夫定在俄注册并开展三期临床的申请。

稳步加快高新技术和创意产业合作是中俄两国面临的重要任务，而对于俄方来说，还应当扩大该领域出口潜能。问题由来已久，然而进展却十分缓慢。为更好地利用两国科技合作潜能，2007 年两国在科技合作分委会下设立中俄高技术和创新工作组，2019 年 4 月 2 日，工作组第十一次会议于莫斯科举办，第十二次会议计划于 2021 年举办。两国在高层面上大力扶持双边科技合作。2020 年起，中俄技术投资基金会正式启动，融资额达 10 亿美元。

疫情加速了两国各领域的数字转型。俄罗斯信息技术服务公司 AT Consulting 推出的“智慧城市”项目采用了分类技术，能够追踪新冠肺炎确诊病例的密切接触者。中国华为公司与俄罗斯储蓄银行下属生态系统公司 VisionLabs 签署合作协议，基于计算机视觉为“智慧城市”系统创建联合 IT 产品。两国政府也在数字平台上开展一系列合作。2020 年 9 月 18 日，两国签署创新合作协议，在其框架下莫斯科创新集群将与中国中关村技术园区开展高新技术的创新研发合作。2020 年 9—12 月间，中国国际人才交流大会以线上形式举办，俄罗斯为主宾国出席。2021 年 3 月，两国部委机关开始筹办第六届中俄高技术应用开发科技合作圆桌会议，预计圆桌会议将于2021年夏季第七届中国－俄罗斯博览会期间举办。

（三）两国科学院系统的合作

两国科学院合作稳步开展。2019年7月，俄罗斯科学院与中国科学院签署合作路线图，未来双方将在西藏高原研究、激光科学和生态方面优先开展合作。此外，双方也将在极地研究、神经科学、灾害预警、航天光学领域合作，并加强在"一带一路"国际科学组织联盟（ANSO）框架下的合作。根据协议，两国科学院将至少在三个方向上开展合作：在两国境内发展交通体系、利用深水探测技术开发水中和海洋资源，并在"大科学装置"方面开展共同研究。俄罗斯科学院各研究所将与中国地质学、地质化学、工程冻土学、微电子学、能源、新材料和纳米结构、激光技术、等离子体物理以及社会人文相关部门研究所进行合作。

2019年9月俄罗斯科学院院长谢尔盖耶夫在主席团会议上转述了中方关于在俄罗斯境内建造技术交流中心的提议，中心建成后中俄两国科学家将举行研讨会、共同开展课题研究。不过，谢尔盖耶夫指出，考虑到俄罗斯科学院与其研究所性质不同，不属于科研组织，无法获得科研经费拨款，目前无法以俄罗斯科学院的名义建立该中心。而在2019年，谢尔盖耶夫表示支持中国科学院在俄设立分院。由于疫情影响，2020年两院及与中国社会科学院间的会面和相关计划未能得到落实，但双边合作仍将继续推进。

（四）两国对共同科研项目的资助

近年来，中俄从增减科技合作企业数量逐步转向提升共同研究质量，尽管这一工作刚刚起步。中俄两国对共同研究课题的资助是提升研究质量的重要举措。两国商定通过相关部门机关，推动首要方向合作，通过项目征集扶持科研项目。根据俄罗斯高等教育和技术部根据《俄罗斯科技综合体优先发展研发方向联邦专项计划(2014－2020 年)》的监管报告，俄罗斯共对 61 个中方科研机构和高校参与的项目提供资助，其中包括 39 个双边项目。2020 年 4 月，中国科学技术部宣布将开展联合科研项目征集。2021 年 4 月，中国完成了中方科教组织申请的初步筛选，初步筛选出 27 项科研项目。俄罗斯教育科学部于 2020 年 7 月宣布公开征集，并将于 2021—2023 年间对项目提供扶持。2021 年双方商定就下列课题进行征集："大科学装置"、生物和生物医药、生理学和基础医学、资源和环境、等离子物理、材料学和化学。中国国家自然科学基金委员会与俄罗斯基础研究基金会对两国共同课题和学者交流提供资助。根据中方数据，中方共收到 273 项申请，其中 256 项通过初审。根据俄罗斯基础研究基金会数据，基金会共收到 285 项申请，其中 64 个项目获得资助。

2020 年，中国国家自然科学基金委员会与俄罗斯科学基金会签署合作协议，并宣布通过申请征集方式，对中俄科研团体提供扶持，俄方将为单个项目每年提供 400 万－600 万卢布。该征集计划于 2021—2023 年间落实。2020 年 12 月底，双方分别总结征集工作成果。共有 30 个科研项目入选，包括新西伯利亚大学（与北京大学合作项目)、俄罗斯科学院计算数学研究所（与上海交通大学合作项目)、俄罗斯科学院西伯利亚分院自动化与测电学研究所（与中国人民解放军国防科技大学合作项目)、斯科尔科沃科学技术研究所（与中国科学技术大学合作项目)、莫斯科国立大学、俄罗斯国家研究型技术大学（莫斯科钢铁合金学院)、远东联邦大学、莫斯科物理技术学院的项目。整体而言，项目资助体现出当前中俄科技合作主要形式和特点，俄方项目主要由高校承担，且部分高校同时承担多个项目，而中方项目则由各类研究机构承担。此外，中方的学术项目数量少于俄方。专家认为，相较于俄方高校，中方高校更倾向于合作。

（五）两国高校的科研合作

高校合作倡议在中俄科技合作中起到重要作用，高校开展教育交流、合作项目、承担部分科研项目。不过，2019—2020 年间，高校合作出现新趋势。

积极发挥中俄高校优势是最具前景的方向之一，同时也有利于推动高新技术和创新产业的合作。高校不仅是人才的摇篮，更是建设科研中心、实验室、开展共同课题和发表科研期刊的优质平台。目前部分高校正在开展合作项目，但只有北京理工大学（以下简称北理）与莫斯科国立大学于深圳合办的高校项目正在推进。目前，北理 - 莫斯科大学主要工作包括开展教育工作，在应用数学和信息学、化学、物理和材料力学、经济、生物、俄语语言文学、城市生态和区域规划等专业方向开展培训。2021 年起高校将启动电子工程学和计算机工程学专业招生。北理 - 莫斯科大学的专业设置拥有较强科研特色。下一步，学校应建设多功能联合实验室，为共同研发和在中俄两国境内应用落地服务。双方应开办计算数学和混合能源中心、化学和材料科学研究中心、放射化学和放射生态学研究中心、现代生物学问题研究中心、当代东方学中俄研究中心、俄语对外考试中心、中俄比较法研究中心（2020 年建成）等。此外，双方也讨论了开设科技实验室、设立俄罗斯航天国家集团公司教研室、与俄罗斯系统金融股份公司（AFK Sistema）设立实验室等。不过，由于两国首次合办大学，双方在行政手续和决策效率方面面临诸多难题。尽管是合办，但资金主要来自中方，双边联合研发成果的专利保护和成果落地形式仍悬而未决。目前，由哈尔滨工业大学和莫斯科国立鲍曼技术大学共同设立的中俄工科大学联盟正开展科技人才联合培训项目。工科大学联盟共包含 18 所俄罗斯高校和 20 所中国高校。2011—2021 年间，联盟框架内共举办了 75 项教育和科技交流项目，吸引超过 8 万人参与。联盟成员高校举办科技夏令营、研讨会、安排中俄学生共同发射联盟纳米卫星和微卫星。

近年来，中俄两国逐步细化其科技合作内容，向开展共同科研项目和建设联合实验室过渡，中俄科技和创新合作年在其中起到重要助推作用。此外，实践经验证明，中俄许多科研团体并未充分了解合作中的官方和行政因素，缺乏相关合作经验。合作常常局限在开圆桌会议或研讨会，缺乏实际成果和研发产品落地。由此，就此举行研讨会具有重要意义，应分析成功合作经验，针对中俄科技合作协议的落实提出建议。

六、中俄人文合作

（一）2020—2021 年初中俄人文合作概要

2020 年中俄各领域人文合作不断发展。两国在二战胜利 75 周年、2001 年《中俄睦邻友好合作条约》签署 20 周年、科技创新年等主题框架内开展一系列交流活动。此外，2021 年两国将庆祝上海合作组织成立 20 周年。

新冠肺炎疫情下，中俄人文合作面临严峻考验，除线上交流外，各项形式合作皆受到限制。2020 年 2 月新冠肺炎疫情暴发后，俄罗斯关闭了与中国的边境，俄罗斯政府对包括中国公民在内的所有外籍公民采取严格检疫措施。俄方举措引发中方部分社会舆论不满，但并未对两国关系造成显著负面影响。专家认为，中俄关系整体经受住了疫情考验，两国在全球疫情的压力下稳固了两国人民间友好关系、伙伴关系和团体认同感。

在国际层面，由于疫情而出现的所谓“疫苗外交”也对两国关系产生了影响。在这一方面，中国和俄罗斯与美国、英国、印度等国都是主要角色。在疫苗研发和临床试验上，中俄两国是伙伴；而在将疫苗推向世界市场时，两国也是竞争对手。不过，相较中俄与美国、欧盟在疫苗信息战方面的激烈论战，中俄两国媒体相互的报道较为审慎和客观。此外，根据俄罗斯相关部门报道，中俄两国正采取共同措施，反对疫情政治化，打击假新闻。

2020 年 11 月底，中俄人文合作委员会第二十一次会议在中国国务院副总理孙春兰和俄罗斯副总理塔季扬娜·戈利科娃的主持下以视频会议形式召开。会上，双方总结了 2020 年的合作成果，就 2012 年签署的《中俄人文合作行动计划》落实成果开展讨论。双方指出，尽管条件受限，两国都集中精力于抗疫，但人文合作并未就此停滞，两国通过线上形式举办了一系列活动。

（二）教育领域合作

新冠肺炎疫情对中俄两国大学生交流造成严重打击。2020 年 2 月 20 日，俄罗斯针对所有持工作、私人、留学和旅游签证的中国公民实行临时禁令，对中国赴俄留学人员造成影响。中俄边境关闭后，留学生交流彻底停摆。目前尚无法评估疫情对教育交流的具体影响。

中俄人文合作委员会第二十一次会议期间，俄方指出，2020 年两国顺利落实 2015 年提出的“双向留学交流人员达到 10 万人”的目标。根据中方数据，年度双向学习交流人员已超过 10.4 万。此外，2020 年 9 月，中俄人文合作委员会教育合作分委会会议期间，双方总结了教育领域合作成果，包括2019年间，共有4.8万中国学生在俄罗斯高校学习，2万俄罗斯学生在中国高校学习，此外还有3万人参与了短期教育项目。据悉，双方采取了不同方法来计算，为保证学生交流这一指标数值，双方将所有中小学生、教师、官员等各种类型的短期教育项目都归入指标中。2019年，中国国家主席习近平提出，要将交流人员提升至10万人。有趣的是，同年俄罗斯《生意人报》援引俄罗斯高校数据称，两国学术交流人次已达8.5万人。中俄12个高校联盟继续开展工作，联盟成员高校达636所。2020年6月7日，哈尔滨工业大学与圣彼得堡国立大学合办校园奠基仪式正式举办。北京大学与莫斯科国立大学共同设立中俄数学中心。清华大学与圣彼得堡国立大学签署《关于俄语创新人才专业化培养的合作协议》。2020年8月11日，“相约上合”山东—俄罗斯教育交流合作对话会于济南举办，会上双方宣布成立中俄（山东）教育国际合作联盟。

（三）文化领域合作

2020年8月21日，中俄人文合作委员会文化合作分委会第二十次会议以线上形式举办，双方就如何在严格防疫措施条件下开展合作、疫情好转后如何重启文化合作等问题开展讨论。中国文化和旅游部和俄罗斯文化部就《中华人民共和国文化和旅游部与俄罗斯联邦文化部2020－2023年合作计划》达成共识。会上双方决定于2021年举办首届中俄图书馆对话会和中俄文化艺术集市（集市将同时于黑河和布拉戈维申斯克举办）。

2020年，中俄两国克服疫情限制，成功举办了中俄文化节以及文学、音乐和造型艺术相关活动并开办电影节和青年节等。例如，2020年8月25日，“油画龙江”中俄油画艺术交流展于哈尔滨美术馆举办。2020 年 12 月 8 日举办了北京市—莫斯科市结好 25 周年纪念音乐会。中俄两国青年希望传承两国友好关系。2020 年 12 月 15 日，“我眼中的中国和俄罗斯”2020 中俄大学生视频交流会于哈尔滨举办。

两国文学外交稳步发展。两国积极落实 2013 年启动的中俄经典与现代文学作品互译出版项目。该项目预计周期为 6 年，计划翻译并出版 100 本著作。截至 2020 年 7 月，已有 44 本书籍出版。2020 年 12 月 9 日，首届“俄中文学外交翻译奖”颁奖仪式于北京举行，该奖项致力促进俄罗斯文学作品在中国的翻译和推广。

中国文学作品开始进军俄罗斯市场。根据 2020 年 12 月 31 日的数据，俄罗斯热门小说翻译网站 Rulate 上共发布 3672 本中文文学作品。中国小说占据市场译本数量首位，是该平台浏览量最高的语种之一。

（四）媒体合作

2020 年 10 月 20 日，中国国家广播电视总局与俄罗斯数字发展通讯和大众传媒部以视频会议形式举办了媒体分委会工作会议，会上双方探讨了 2020—2021 年间媒体合作计划。双方一致同意将继续联合制作电视节目，在新媒体领域开展合作。为在疫情期间鼓舞两国民众，中俄两国媒体制作了各类音频和视频内容。例如，中央广播电视总台欧拉中心与俄罗斯圣彼得堡 FM102. 4 电台联合推出抗疫歌曲《携手同行》，登陆中央广播电视总台和俄语区国家主流媒体及微博、VK 等两国新媒体平台。虽然近年来两国媒体在深化媒体合作方面举办了不少活动，但对两国来说这个都很敏感的领域也不要期望过高，现在已经有这个苗头。

（五）旅游合作

新冠肺炎疫情显著影响两国旅游业，疫情形势下恢复旅游业发展是中俄两国的重要任务。在 2020 年 7 月 2 日举办的中俄人文合作委员会旅游合作分委会第十七次会议上，双方商定开展政策沟通和协调，推动旅游业市场监管合作，发展旅游业线上线下融合，不断提升两国旅游业整体水平，挖掘更多增长点。

2020 年 12 月 2 日，中俄总理第二十五次定期会晤以视频会议形式举办。会上，中国国务院总理李克强与俄罗斯总理米舒斯京商定加强中俄旅游主管部门、旅游业协会及旅行社之间的合作，商签新的《中华人民共和国政府和俄罗斯联邦政府关于互免团体旅游签证的协定》。

七、建议

（一）中俄在国际问题上的合作

1. 中俄两国都对国际局势以及疫情后国际关系的发展高度关注。两国应继续合作，共同就国际政治、经济、金融、科技、地区秩序、安全等问题提出共同的概念，包括与其他伙伴国一道。此外，两国应努力维护现行国际法体系。

中俄两国应着重开展国际治理体系现代化，使之适应国际政治经济趋势，保证它的公正和平衡性。两国应首先着重恢复国际体系的可管理性，在尊重国家主权的基础上提升地区层级的可操作性。

两国应继续采取措施保障国际战略稳定。首先两国应努力完善战略核武器管控多边体制，其次在航天、互联网、超音速等高科技武器以及人工智能等新领域制定专项制度。

2. 不管是中国还是俄罗斯，单独都无法改变国际议事日程。由此，两国在国际和地区发展的关键问题上步调一致具有重要意义。中俄需在有发言权的国际问题上提出共同立场，特别是保护生物多样性、减少污染、在不破坏极地生态前提下开发北极，以及数字货币、高速数据传输技术、交流和数据传输安全等高新技术问题。

3. 坚持联合国在国际事务中的中心地位仍是中俄两国的优先任务。两国应在联合国的支持下，推动在航天、深海、互联网领域的专项机制建设，以及针对其他具有全球意义问题的调解机制建设。

联合国改革势在必行，作为联合国安理会常任理事国，中俄两国肩负改革的特殊责任。联合国改革应采取循序渐进的方式，需进行仔细的准备，并需立足于相关国家的共识。联合国安理会改革至关重要，应在不影响其效率、保障常任理事国权力的基础上提升其代表性。此外，要保证联合国机构设置与时代要求相符合，联合国的重点应转向应对国际社会面临的全球性挑战。

4. 中俄关系的发展伴随着两国与美国关系的紧张。在外部压力不断增强的情况下，中俄应不仅要加强战略协调，在国际层面构建有效应对压力的合作模式，还要在遭受西方打压的领域开展共同项目。中俄合作不以与美国竞争为方向，把与美国对抗作为巩固中俄战略合作的主要手段不利于中俄关系长远发展。

尽管与美国存在冲突，中俄应与美国在具有共同利益的问题上开展对话和合作，包括战略稳定和调解地区危机。

5. 中俄与欧盟国家在政治领域存在负面趋势，而在经济领域则有互惠合作。三方可就具有共同利益和国际社会重大关切的问题上提出倡议，这将是对保障全球繁荣和地区合作的贡献。由此，与欧盟就气候变化、欧亚地区基础设施建设、北极合作——包括在北极理事会的合作——都是有前景的合作领域。

6. 2020 年中国与印度关系紧张，这不符合俄罗斯的利益。尽管俄罗斯对中印关系影响力较小，但俄罗斯可以推动中印在金砖国家和上海合作组织等多边平台上的建设性合作。中俄印三国可在农业和食品生产、高新技术、医学和医药等方面开展合作，或是在俄罗斯北极地区和远东地区开展共同项目。

（二）经济合作

1. 中俄贸易经受住了新冠肺炎疫情的严峻考验。不过，中俄贸易大幅上涨的空间仍然有限，未来两国贸易的继续提高离不开合作基础条件的完善。此外，两国应在国家层面上扶持中小企业，特别是推动合同签署、开展进入伙伴国市场战略的研究、开设专项培训项目。

两国农产品和食品贸易仍有较大增长空间。两国应继续从国家层面上推动俄罗斯优质产品进入中国市场。

中方认为，要充分挖掘双边贸易潜能，必须提升市场开放度，推动贸易自由化。俄方认为，这些措施需考虑到它们对两国经济影响的规模不同，两国的经济体量也不一样，需要在这一基础上进行细致评估，使双方都得益。

2. 两国仍需关注运输和海关基础设施建设、两国边境地区（特别是俄方边境地区）的物流吞吐能力。基础设施的现代化和海关效率的提升不仅将保障中俄物流的畅通，同时也将帮助俄罗斯挖掘其在中欧关系中的中转潜力。

3. 中俄投资和金融合作未能充分体现两国经济潜力，与两国伙伴关系发展程度不符。两国应发展支付体系基础设施建设以惠及中俄两国人民，降低跨境转账成本，提升两国本币结算份额，这是两国的重要战略任务。

（三）科技合作

1. 在国际技术竞争加剧、技术板块不断割裂、针对中俄不断出现新限制措施的背景下，中俄科技合作具有特殊意义。此外，科技合作也将成为两国合作的增长点之一。创新项目落地、建设大科技园区、对接中俄科技潜力是两国未来十年的重要任务，为此应简化行政手续、拓宽合作渠道、构建不威胁本国科技发展的合作体系、加强知识产权保护、避免合作协议仅停留在纸面上。

2. 两国科技合作应从量向质转变，着力提升共同科研项目的质量。为此，两国应设立共同科研项目经费。

3. 两国科研集体的合作形式也需转变。在这方面，很重要的是召开学术研讨会，分析成功的合作模式，为落实合作协议提出建议。

（四）人文合作

1. 中俄人文合作发展的重要基础是寻求作为民族意识组成部分的基本价值观的共同点，包括家庭观、相互尊重和寻求政权和国家间的妥协、国家的核心作用和重大社会责任、国家观高于宗教—信仰和地区—民族观、道德的重要作用、社会对教育的高度关注、基于历史记忆对稳定的追求等。

2. 疫情限制了教育、文化、旅游等人文领域的传统合作形式。目前，两国依托信息通信技术和数字化手段开展合作。很重要的是要找到能使大众参与的形式，而不是仅局限于参与国家间合作的那一部分人，并使年轻一代也能参与。为此，既要考虑两国人民友好的民族特点，也要考虑目前最突出的社会趋势和需求。

3. 未来，中俄两国应关注信息领域合作，推动落实联合媒体项目。一方面，在西方不断将疫情政治化和疫苗外交的背景下，中俄两国须共同应对西方的宣传战；另一方面，考虑到两国各地疫情频发，人员来往受限，两国媒体信息合作就更为重要，两国媒体需及时和不断地互报情况，相互树立正面形象。与此同时，考虑到这一领域的敏感性，两国也要避免提出过高的期望。

第二编

学术论文篇

俄罗斯之于中国的意义与俄苏问题研究方法*

冯玉军

【内容提要】 俄罗斯对于中国的影响是全方位、大纵深、长时段的，但中国对于俄罗斯、苏联（以下简称“俄苏”）问题的研究却是相对滞后的。在世界处于百年未有之大变局的当下，厘清俄罗斯之于中国的意义、总结中国俄苏问题研究的进展与不足、改进和提升中国俄苏问题的研究方法，对于学术的进步、知识的积累与传承，以及在外交实践中更好地维护中国国家利益都具有重要意义。本文从剖析400年来俄国之于中国的影响和意义入手，回顾总结了中国俄苏问题研究的主要历程、取得的成绩以及存在的不足，并从多个方面提出了深化中国俄苏研究的方法论选项。

俄罗斯既是世界大国，也是中国的最大邻国。400年来，俄罗斯对于中国的国家安全、经济发展、领土完整、国内政治、制度变迁、民族关系、意识形态、思想文化、思维方式产生过全面而又深刻的影响，始终在中国的对外战略中占有举足轻重的地位。抚今追昔，中俄关系历经风雨沧桑，但无论是情同手足还是反目成仇，对

---

* 原文刊载于《国际论坛》2021年第6期。

俄罗斯之于中国的意义与影响还缺乏足够清晰的认知。相较于在中俄关系中更好地维护中国国家利益的需要，国内的俄苏问题研究仍显滞后。

在世界处于百年未有之大变局的当下，厘清俄罗斯之于中国的意义，改进和提升中国俄苏问题的研究方法，对于学术的进步、知识的积累与传承，以及在外交实践中更好地维护中国国家利益都具有重要价值。

一、俄罗斯之于中国的意义

俄罗斯对于中国的影响是全方位、大纵深、长时段的，不可能在一篇文章中全面铺陈，只能提纲挈领地择其要点进行概述。

首先，俄罗斯是中国国家安全的重要外部因素。中俄关系曾有过一段沉重的历史。自 17 世纪中俄开始交往以来，不断向东方扩张的俄罗斯就是中国国家安全长期面临的重大威胁，对中国造成了重大伤害。林则徐在比较英俄两国对华侵略的不同特点后曾指出，“英夷何足深虑，其志不过鸦片及奇巧之物劫取中国钱帛而已！余观俄国势力强大，所规划布置，志实不小。英夷由海道犯中国实难，但善守海口，则无如我何！俄夷则包我边疆，南可由滇入，陆路相通，防不胜防，将来必为大患”。[①] 他清醒地认识到俄国侵略的危险性，强调“终为中国患者，其俄罗斯乎”。[②] 历史不幸应验了林则徐的判断，证明俄罗斯是中国近代历史上最大的疆土侵占者。

1858 年，俄国强迫清朝黑龙江将军奕山签订《瑷珲条约》，“一

① 欧阳昱：《见闻琐录后集》卷 4。
② 李元度：《国朝先正事略 · 林文忠公事略》卷 25。

次就从中国割取了黑龙江以北、外兴安岭以南的60万平方公里的领土；乌苏里江以东约40万平方公里的土地划归中俄‘共管’，所谓‘共管’不过是俄国正式吞并这片领土的过渡步骤”。[①] 但清政府并未批准《瑷珲条约》。1860年，俄国打着“调停”中国与英、法冲突的幌子，诱使清政府签订中俄《北京条约》，彻底推翻了1689年中俄《尼布楚条约》关于两国东段边界的规定，从中国割占了黑龙江以北、乌苏里江以东约100万平方公里的土地和中国1/3的海岸线。该条约还否定了中国西北地区与俄国已有定界的事实，规定了中俄西段边界以中国境内的常驻卡伦及内湖斋桑湖、特穆尔图湖为界的大致走向。

在西北地区，俄国通过《北京条约》中约定的侵害中国利益的划界规则，借助中国内乱之机、利用军事施压手段，于1863年迫使清朝政府签订《中俄勘分西北界约记》，共强占北起阿穆哈山脉、南达葱岭，西自爱古斯河、巴尔喀什湖、塔拉斯河，东至塔城、伊犁共44万平方公里的领土。

1871年，俄国趁阿古柏入侵新疆之时，强占伊犁。左宗棠击败阿古柏之后，驻俄大使曾纪泽与俄国通过艰苦谈判，签订《伊犁条约》。尽管中国收回了伊犁地区，但根据中俄《伊犁条约》第七、八、九条关于勘界以及安设界牌的规定，俄国在1882—1884年，又强迫清政府先后签订中俄《伊犁界约》《喀什噶尔界约》《科布多—塔尔巴哈台界约》《塔尔巴哈台西南界约》和《续勘喀什噶尔界约》，割占了7万多平方千米的中国领土。1892年，俄国以武力强占萨雷阔勒岭以西的中国帕米尔地区。1895年，俄英两国私自达成瓜分帕米尔地区的协议。之后，俄国将其在帕米尔东部的军事占领线与南部的瓜分线连接起来，将萨雷阔勒岭以西1万余平方千米的

---

① 黄定天著：《中俄关系通史》，黑龙江人民出版社2007年版，第61页。

中国领土纳入俄国版图。俄国却割占了伊犁以西包括斋桑湖东北并东部额尔齐斯河两岸；伊犁霍尔果斯河并苏木拜河以西；乌什北阿克苏河、扎纳尔特河河源；喀什噶尔以北阿克赛河河源；以西喀喇多拜、帖列克达坂湾、古木伦及什库珠尔帕米尔大部等地共7万多平方公里的中国领土。

19世纪中叶后，随着英俄大博弈的展开，俄国更渴望控制西藏，多次派遣人员进入西藏。同时派遣俄国间谍布里亚特喇嘛德尔智到十三世达赖身边充当政治顾问，一度将十三世达赖裹挟至库伦（今乌兰巴托），欲"移民至俄国境内"。俄国与西藏还曾草拟《俄藏条约》，承诺"将竭诚援助西藏"。1907年，在就波斯和阿富汗的势力范围划分问题以及西藏问题进行多次交涉后，俄英两国签署含有《西藏专约》的《英俄协约》，公然否定中国对西藏的主权，只"承认中国在西藏的宗主权"，对中国主权构成严重侵害。①

俄国吞并中国蒙古地区的企图由来已久，但中俄1728年签署的《恰克图条约》规定了两国中段边界，束缚了俄国的手脚。中俄《天津条约》和《北京条约》签署后，俄国在蒙古地区获得了一系列特权。日俄战争后，俄国同日本签订密约，划分两国在中国的势力范围，把外蒙古纳入自己的势力范围。同时，通过经济渗透和收买当地民族宗教上层，煽动民族分裂。到20世纪初期时，外蒙古实际上已被俄国全面控制。辛亥革命前后，俄国借中国内乱唆使外蒙古独立，并最终在二战行将结束之际以《雅尔塔协定》迫使民国政府承认既成事实，使中国丧失了156万平方千米国土。

1921年，苏俄先唆使唐努乌梁海独立，之后于1944正式吞并，中国再失17万平方公里国土。1929年，苏联军队借"中东路事件"出兵中国东北，强占黑瞎子岛。1944—1945年，苏联在新疆导演、

① 相关内容参见王远大：《近代俄国与中国西藏》，上海三联书店，1993年版。

操纵了“东突厥斯坦共和国”，使中国的领土完整遭受严重威胁，甚至贻害至今。1945 年，在日本即将全面投降之际，苏联为恢复日俄战争中被日本夺取的在中国和朝鲜的权益抢先出兵，占领东北后大肆掠夺中国资产，借机恢复了沙俄在中东铁路及旅顺、大连等地的利益。可以说，中国在二战中付出了巨大民族牺牲，为世界反法西斯战争做出了巨大贡献，但战后却成了美、苏、英、中四大国中唯一主权、领土、经济利益都受到严重损害的战胜国。

从1860—1945 年的85 年间，俄苏使中国丧失了332 万平方千米的国土，年均失地3.9 万平方千米。俄对华的贪婪程度可谓敲骨吸髓，对中国构成的伤害可谓痛彻心扉。

第一，新中国成立后，中苏在经历短暂的蜜月期后很快陷入对抗和冲突。中苏关系的紧张以及对整个国际形势的判断失误使中国国家发展战略方向从和平建设转向“备战备荒”。随着中苏关系的全面恶化，以准备同苏联“打大仗”为目标的大小“三线”建设成为重中之重，一直持续到20 世纪70 年代中期。“三线”建设历经3 个五年计划，投资总额达 2052 亿元（占该期间全国投资总额的43.4%）。其最大特点是战备性，新建项目以钢铁工业、铁路和军事工业为主，根据靠山、分散和隐蔽的原则部署在西南、西部的三线地区。依大、小“三线”和“山、散、洞”的原则规划工业布局，违反了经济建设规律，造成人力和物资的巨大浪费。仅“大三线”建设中因计划不周和仓促上马所造成的直接损失就高达数百亿元，并造成经济效益长期低下的“后遗症”。中苏关系紧张还使全军在和平时期多年处于“盘马弯弓箭不发”的临战状态，中国人民解放军员额进入20 世纪70 年代即突破600 万，此后长期居高不下。1970—1973 年，中国每年直接国防开支保持在 140 亿 - 160 亿元，占财政支出的20% 左右。如加上其他与国防有关的项目及援外军事开支，这一比重接近30% （占国民收入 10% 以上），大大超过当时的美国并与苏联基本持平。[①] 20 世纪 60—70 年代正是世界新技术革命兴起的重要阶段，许多西方国家和亚洲新兴工业地区抓住这一时机发展新兴产业、实现经济腾飞；而中国却因中苏对抗、全面备战及“文革”等原因，与实现现代化的重大历史机遇失之交臂。[②]

第二，苏联的制度模式、思想意识对中国产生过全面而深刻的影响。“十月革命一声炮响，给我们送来了马克思列宁主义。”[③] 毛泽东的这句名言深刻揭示了中国现代历史与俄苏的密切关系。十月革命“不仅创造了一个以社会主义为号召的苏维埃俄国，而且应运而生了一个以组织发动世界革命为责任的共产国际，从而在许多国家推进了共产党的产生和共产党领导的暴力革命。与俄国有着世界上最长的共同边界线的中国，更是首当其冲。不仅共产党，就连 20 年代中期的国民党也深得布尔什维克输出革命之惠。俄国人不仅向中国输出思想、组织，而且出钱、出人、出枪、出炮。从中共成立到国共合作，从“西安事变”到中国人民志愿军出兵朝鲜……在 20 年代到 50 年代的整整 30 年时间里，中国政治舞台上的一切重大事件，几乎无一没有莫斯科影响的痕迹。”[④]

可以说，20 世纪以来，中俄两国的国家发展道路紧密联系在一起，从中国接受“十月革命”的影响到中国共产党取得全国政权，从“十年论战”的唇枪舌剑到中俄两国的社会转型，两个国家的历史命运和发展模式都有着千丝万缕的联系。甚至在 1949 年之后的一段时间里，中国的社会制度、意识形态、经济体制、管理模式、社会话语体系都移植于苏联，中国一度成为“全盘苏化”的社会，是

---

① 徐焰：《“革命加战争”还是和平与发展：五十年来我国对时代特点的认识》，《百年潮》，1999 年第 3 期。

② 冯玉军：《中俄关系中的中国国家利益》，《俄罗斯研究》，2007 年第 2 期。

③ 《毛泽东选集》（第 4 卷），人民出版社，1991 年版，第 1471 页。

④ 杨奎松：《中共与莫斯科的关系：1920－1960》，台北东大图书公司 1997 年版，自序，第 1 页。

苏联的翻版。但“基本上按照苏联模式建立起来的政治体制、经济体制、军事体制、文化体制、意识形态体制等不完全适合或完全不适合中国的国情，这不仅严重地制约了中国社会发展，而且还带来了许许多多体制上的弊端”，“苏联模式的许多弊端，如指令性的计划经济，农轻重比例失调、严重的个人崇拜以及大量的冤假错案等无一例外地在中国重演”。[①]

从发展道路的角度来说，“对苏联社会主义模式的认同使中苏走到了一起，而这种认同出现背离又使中苏分裂。与中苏结盟、分裂和关系恢复相对应的，正是苏联模式在中国的确立、强化和改变”。[②]

从同盟关系的角度而言，中苏关系如同其他社会主义阵营的同盟关系一样，具有政治范式先天不足的结构性弊病：一方面，“国际主义理念与民族主义的追求存在矛盾，以意识形态的同一性替代和掩盖国家利益的差异性”；另一方面，“同盟内部领导与被领导的组织原则与各国享有平等权利的准则之间存在矛盾，把党际关系等同于或混淆于国家关系”。另外，“中苏关系还存在着争夺国际共产主义领导权以及为此而产生的证明其意识形态正统地位的斗争”。[③] 在这三方面因素共同作用下，中苏之间分道扬镳也就不可避免了。

第三，中俄两国当前都处于社会转型阶段，“他山之石，可以攻玉”，借鉴其经验、避免其过失，可以使中国的现代化进程更加健康、平稳。1978 年 9 月，邓小平同志在东北三省等地发表系列重要谈话，从社会主义本质的高度阐述改革的必要性，强调“社会主义制度优越性的根本表现，就是能够允许社会生产力以旧社会所没有

---

① 孔寒冰：《走出苏联：中苏关系及其对中国发展的影响》，新华出版社，2011 年 9 月版，第 4 页。

② 孔寒冰：《走出苏联：中苏关系及其对中国发展的影响》，新华出版社，2011 年 9 月版，第 443 页。

③ 沈志华主编：《中苏关系史纲：1917 – 1991 年中苏关系若干问题再探讨》（增订版），社会科学文献出版社，2011 年版，第 537 – 540 页。

的速度迅速发展，使人民不断增长的物质文化生活需要能够得到满足”。同时也表示，“我们国家的体制，包括机构体制等，基本上是从苏联来的，是一种落后的东西，人浮于事，机构重叠，官僚主义发展”。通过对当时政治体制的批评，小平实际上提出了打破苏联政治体制模式的改革任务。①

从实践上看，中国的改革开放早于苏联，且两国转型的方式大相径庭，但有本质上的不同。如果说中国走的是和风细雨般的“渐进道路”，苏联、俄罗斯搞的则是疾风暴雨般的“休克疗法”。很难讨论和验证中俄两国社会转型方式的优劣，但无论如何，始于戈尔巴乔夫“改革与新思维”的苏联及俄罗斯转型进程，可以从诸多方面给中国的改革开放提供深刻的镜鉴。

回顾近30年来俄罗斯的社会转型，可以肯定地说，转型进程总体平稳，未引发大规模战争、冲突与人道主义灾难；转型的成效总体是正面的，在不太长的时间里确立了新国家政治体制、经济运行模式与社会秩序，开始了建设新国家的征程，并作为新的国际关系主体，努力在国际社会中寻求新定位，与其他国际行为主体展开积极、全面而复杂的互动。与此同时，不能不看到，受传统文化、现实条件、思维方式、权力博弈、国际环境等多重因素影响，俄罗斯转型之初的制度设计与目标规划在很大程度上已扭曲变形。普京治下，以“主权民主”和“国家资本主义”为核心的政治经济治理模式并未让俄罗斯实现国家复兴的宏愿，反而使其在世界经济与全球治理体系中日益边缘化。与此同时，综合国力下降和大国雄心未泯之间的张力使其国家身份定位前后扭曲，也让其对外行为经常进退失据、自相矛盾。2007年后，“美国已经衰落、多极化已经到来、俄可以放手一搏”等乐观判断主导了俄罗斯的国际战略观，2014年

---

① 李正华：《邓小平：政治体制改革要打破苏联模式》，《光明日报》，2011年10月19日。

的克里米亚危机成为俄罗斯重整后苏联空间的“大手笔”。俄罗斯得到了克里米亚，但失去了乌克兰，更失去了一个良好的国际环境，所谓“冲动是魔鬼”在当代国际政治中得到了活生生的诠释。[①]

可以说，俄罗斯是一个重要的参照系，中国的改革开放要善于在这一参照系的映射下端正方向，纠正偏差。

第四，俄罗斯对中国的思想文化乃至思维方式产生过深入骨髓的影响，但中国对俄罗斯思想与文化存在许多“误读”。中俄文化交流起步相对较晚，但近现代俄苏文化对中国的影响却如滚滚洪流，冲刷并渗透到中国思想文化的各个角落，深刻而又不为察觉地影响着中国人的文学创作、艺术审美、日常生活甚至思维方式。可以说，“中俄两国文化关系的发展历程呈现明显的不对称性”，特别是在苏联时期，“基于意识形态和社会体制的趋同性，中国人对俄苏文化表现出了空前的渴望和挚爱，俄苏文化在中国风靡一时，甚至影响了两三代人，甚至仍余音不散”。[②]

这种不对称性也是不对等性。例如在文学领域，“中俄文学交往，并非对等地把自己的文艺作品施与对方，更非对称地接受对方的精神影响”。实际上，“在中国的文化土地上，到处闪现着北国巨人的身影……她以她的千般娇媚、万种风情，魅惑我们倾听，倾听她讲述暴力革命的真理，民主启蒙的经验，还启发我们如何在灾难深重的危境里守护精神家园。她带着狂热的激情冲破了我们的围城，强迫我们听命于她。是终极诱惑，还是权力入侵？是文化输出，还是新殖民主义？难以说清楚，但接下来的后果是：中国文学成了俄罗斯文学的学生，一度丧失了自尊自信，拜服在北国巨大的石榴裙下……中国接受了苏俄文学的战争话语和战争思维，并把它贯彻到

① 冯玉军：《改革开放以来的中（苏）俄关系：思考与启示》，《国际观察》2019 年第 2 期。
② 黄定天：《中俄文化关系史稿：17 世纪 – 1937 年》，长春出版社，2011 年版。

文学创作之中，写出了不计其数的‘战斗的篇章’”。[①]

特别值得注意的是，“俄苏‘红色经典’在中国的接受及其产生的影响对中国人的精神生活所起的作用是任何一种外来文化所无法望其项背的，这是一种前无古人、后无来者的非常独特的文化现象”。在20世纪50年代，它甚至达到了“完全抛弃作为主体的自我，全身心地拥抱和接纳一种异域文化，并极力把自己归化到这种文化范围内”的地步，表现出“一种狂热的非理性倾向”。[②]

中国“五四运动前后广泛吸纳外国文化，独把俄罗斯文学引为最好的知己”，一个特殊而重要的原因是“中俄文化的相似性”，这主要“指的是两国推翻帝制、变革社会的相似政局。延伸到文化上，俄国文学中写实主义一支被引为同调，恰同用文学改造人生的追求遥相呼应，由此夸张开来就造成中俄文学或文化相似的整体印象。这种一厢情愿的认同与亲近感，逐渐上升为思考问题的出发点，观察俄国的特殊视角。在接受者眼里，复杂多元的俄国文化不知不觉间被简化了。文化现象变得亲者愈亲，疏者愈疏”。[③] 也就是说，俄罗斯文化对中国的影响，“从接受者方面说，取舍去留，始则服从于文学改造社会的使命，继则受激进的意识形态钳制，总而言之是对社会革命有用，是所谓革命功利主义的驱使”。[④] 在此种因素作用下，中国对俄罗斯文学的接受就存在四种“误读”：一是以偏概全，拿写实主义充作俄国文学的全部；二是在文化接受中以普遍性遮蔽了民族特殊性；三是拒绝接受现代主义流派；四是低估了文学中的宗教

---

① 田全金：《启蒙·革命·战争：中俄文学交往的三个镜像》，齐鲁书社，2009年版，引言第1-3页。

② 陈建华主编：《俄罗斯人文思想与中国》，重庆出版社，2011年版，第463页。

③ 白春仁：《误读的教益》，载林精华著《误读俄罗斯：中国现代性问题中的俄国因素》，商务印书馆，2005年版，第Ⅻ页。

④ 白春仁：《误读的教益》，载林精华著《误读俄罗斯：中国现代性问题中的俄国因素》，商务印书馆，2005年版，第Ⅵ页。

文化。[①]

在社会思潮和文化思潮领域，中国人更熟悉的是俄苏“红色经典”，是苏联时代的主流思潮和主流思想家，但对俄罗斯知识分子在探索社会发展道路过程中出现的诸多不同于西方的创造性文化成果基本上不甚了了，对“白银时代”开始就出现的诸如别尔嘉耶夫、索罗维约夫、布尔加科夫、舍斯托夫、梅列日科夫斯基、艾亨鲍姆、巴赫金、洛特曼等卓有成就的思想家知之甚少。[②] 而实际上，激进的革命写实主义在“白银时代”并非俄国思想文化界的主流，当时俄国文化发展的主要趋势是进行综合性的文化创新，占上风的是宽容态度和相对主义，而不是你死我活的思想、阶级斗争和社会革命。[③]

中国俄罗斯语言文学研究大家白春仁先生有言，“整个20世纪里，我们对俄罗斯的认识因寡闻引起的偏见所困扰，在理想化与妖魔化之间摇摆。中苏关系的风云变幻，证明理想化和妖魔化之间只不过一步之遥。应该承认，中俄之间的文化交流与文化互补走上实事求是之路并取得重大成果，还有待时日，而前提则是克服寡闻和摒除偏见”。[④]

可以说，20世纪初以来，中国人用“浓重主观色彩勾勒出的俄苏文学形象，是个理想化的失真的形象，是掺杂着接受者愿望的形象。这个理想化的形象，树起容易改变难。但还它本来的面目，是后来者无可逃避的责任”。[⑤]

---

① 参见林精华著：《误读俄罗斯：中国现代性问题中的俄国因素》，商务印书馆，2005年版。

② 陈建华主编：《俄罗斯人文思想与中国》，重庆出版社，2011年版，第2页。

③ 白春仁：《误读的教益》，载林精华著《误读俄罗斯：中国现代性问题中的俄国因素》，商务印书馆，2005年版，第X页。

④ 白春仁：《误读的教益》，载林精华著《误读俄罗斯：中国现代性问题中的俄国因素》，商务印书馆，2005年版，第Ⅻ页。

⑤ 同上。

二、中国俄苏问题研究的进展与不足

中国的对俄苏研究是与中俄两国开始交往特别是同俄对华的威胁、侵害分不开的。

清代的对俄文化交流开始之早，持续时间之久，都是其他各国所不能相比的。早在雍正年间，清朝与俄国就已通过正式条约，对中俄文化交流做出了具体规定，这在清代中外文化交流史上独一无二。1688 年（康熙二十七年），为解决中俄冲突，清政府派索额图出使俄国，张鹏翮和钱良泽随团同行。此行给张、钱两人留下了深刻印象，张鹏翮著有《奉使俄罗斯行程录》（又名《漠北日记》或《奉使俄罗斯日记》），钱良泽著有《出塞纪略》。此两本书为中文文献中关于俄罗斯的最早记述。[①] 1708 年，康熙皇帝下旨创立的俄罗斯馆，成为中国第一所俄文学校。

然而值得注意的是，“清代的中俄文化交流中，俄国是积极、主动的一方，清朝则是相对消极、保守的一方。正因如此，来京的俄国传教士、留学生中涌现出了一批熟知中国文化的外交人才和汉学家，他们不只是把中国的儒家、佛教、道教经典以及历史、地理、民族、经济等方面的名著译为俄文，而且撰写了不少有关中国问题的研究专著，这些译著和专著在俄国出版，使俄国人民了解了中国和中国文化。而在同一时期，清朝虽在北京开办了俄罗斯馆，但培养学生的目标仅局限于翻译中俄往来信函。俄罗斯馆开办虽早，但未能形成为研究机构，培养的学生名不见经传，也似乎没有什么译

① 张建华：《中国俄国史研究百年检视与思考》，《史学月刊》，2020 年第 1 期。

著或专著问世”。[①]

清朝前期，中国对俄罗斯的了解并不是很多：“终康熙一朝，俄国把中国从一页白纸读成了千里画卷，而中国对于俄国却只有粗浅的认识。”[②] 对俄研究也起步较晚，最初仅是极少数亲历边塞者的见闻和游记，如方式济的《龙沙纪略》、张鹏翮的《奉使俄罗斯行程记》（亦称《漠北日记》）等，这些著作一般都局限在见闻杂录中，失实处颇多。

1712 年，清礼部牛羊群事务总管图理琛奉使“假道”俄国联络厄鲁特蒙古四部之一的土尔扈特部，出使归来写成了记述出使行程和域外见闻的《异域录》。“在记述俄国方面，《异域录》可以说是我国现存最早、最重要的文献之一”，“该书一经出版，立刻引起国际上的广泛注意，先后被译成法、德、俄、英、日等多种文字”。[③]

19 世纪初以降，清政府国力衰微，沙俄趁机入侵中国东北、西北，“俄患”日益严重。随着来自俄国的威胁日益凸显，一大批晚清知识分子希望通过加强对俄研究为中华民族抵御外侮和自立自强提供思想依据和现实方略。

此时，学界缺乏研究中俄边境史地以及俄国史的著作，因此一些学者开始将边疆研究同俄国研究结合在一起，用更加国际化的目光审视边疆问题。他们从研究中俄边境史地继而扩展到研究俄国史，体现出了强烈的民族忧患意识。如齐思和所说：“夫晚清学术界之风气，倡经世以谋富强，讲掌故以明国事，崇今文以谈变法，究舆地以筹边防。”[④]

---

① 王希隆：《清代中俄文化交流述论》，《兰州大学学报（社会科学版）》，1997 年第 4 期。

② 刘玉：《康熙时期的中俄关系：一种文化的视角》，《社科纵横》（新理论版）2010 年第 4 期。

③ 宿丰林：《早期中俄关系史研究》，黑龙江人民出版社，1999 年版，第 63、69 页。

④ 齐思和：《魏源与晚清学风》，载周阳山、杨素献编：《近代中国思想人物论——晚清思想》，台北：时报文化出版事业有限公司，1982 年版，第 194 页。

“真正具有近代意义的沙俄史研究，当始于嘉道间的俞正燮”。[①] 在边疆史地研究方面，俞正燮的研究在一定程度上开启了经世致用的先河，对后世学者研究边疆史地具有重要启迪作用，他对中俄关系史的研究也是开创性的。

俞正燮考证、记述中俄关系的主要著作是《俄罗斯佐领考》《俄罗斯事辑》和《俄罗斯长篇稿跋》。《俄罗斯佐领考》写于1806年，他根据《八旗统志》等记载，考证了俄罗斯人被编入佐领的人数和时间，说明清朝初年“总得罗刹近百人”[②]，与俄罗斯关系极为密切。《俄罗斯事辑》着重考订、记述了俄罗斯的疆域和历史，清初俄罗斯“东南略地，夺雅克萨、尼布楚地”及清政府自卫反击、两国划定疆界的情况[③]；又记载两国关系相对稳定后，图理琛奉使赴土尔扈特部受到俄国官员的礼遇和护送，俄罗斯亦派留学生来清朝国子监读书，清朝派满、汉教习各一人教其课业，并由理藩院发给衣服和饮食。由此，俞正燮认为：“我于俄罗斯，不为纳其藩属；俄罗斯于我，亦非绝置属部于不言。”[④] 这表明了他在民族关系方面的严正立场。《俄罗斯长篇稿跋》对于俄罗斯有关的事件和事实，考证精详，材料丰富。何秋涛评价称：“搜采既富，足裨见闻，其考订处亦多能详人所略，然以过求新异，往往失之穿凿，不尽可为典要。”[⑤] 可以说，“俞正燮的边疆著作常常是针对着现实而撰写的，他听说俄罗斯造使来到北京，就检视官私书籍，以图了解俄罗斯，在‘为攻

---

① 胡逢祥、张文建：《中国近代史学思潮与流派》，华东师范大学出版社，1991年版，第53页。

② 俞正燮：《癸巳类稿》卷9，《俄罗斯佐领考》。

③ 俞正燮：《癸巳类稿》卷9，《俄罗斯事辑》。

④ 俞正燮撰，于石、马君骅、诸伟奇校点：《俞正燮全集》（贰），黄山出版社，2005年版，第228－230页。

⑤ 何秋涛：《朔方备乘》卷58，《辩正〈癸巳丛稿〉序》。

战之导’中不难见其边疆研究的实用意义。”[1]

俞正燮的忘年之交张穆，在俞氏的研究基础上，采用松筠的《绥服纪略图诗注》补俞氏著作之阙，写成《俄罗斯事补辑》。此后，每见诸书记载俄罗斯事，张穆又随笔札记，作《月斋签记》，在对俄研究方面后来居上。

何秋涛看到“俄患”日益严重，而国内专门研究俄罗斯史地的著作却很少，“俄罗斯地居北檄，尤与我朝边卡切近，而诸家论述尚多抵牾，亦未有专书以资考镜”[2]。于是搜罗赵翼、松筠、俞正燮、林则徐、姚莹、张穆等学者关于俄罗斯研究的成果，考订辨伪，始著《北徼汇编》，后以详图解说，卷帙浩繁达80卷，咸丰皇帝阅后赐名《朔方备乘》。该书是中国近代第一部论述中俄关系的代表巨著，书中不仅用大量篇幅介绍俄国历史地理、民族宗教、文化贸易等方面，还详细地记录中俄两国交涉以来的历史事件，详细罗列《中国与俄罗斯交界图》《康熙年间俄罗斯图》《乾隆末年俄罗斯图》《历代北徼俄罗斯图》等共25幅插图，对研究俄罗斯史地具有里程碑的意义。何秋涛特别强调，“西北塞防乃国家根本”，若想保护北疆安全必须做好防备沙俄的准备，加强西北边防。[3]

继何秋涛之后，越来越多的考据学家开始研究边疆史地学，“清代自嘉道以后，学人多究心西北地理，初仅以新疆伊犁为范围，继则扩及蒙古全部，后移其重心于元史，不惟亚洲西部北部，在所究心，即欧洲东部，亦在研究范围之内”。[4] 正是由于他们对于晚清中国边疆问题的分析，开拓了学者的眼界，冲破了传统的“夷夏之分”

---

① 郭丽萍：《绝域与绝学：清代中叶西北史地学研究》，三联书店，2007年版，第146－147页。

② 转引自贾建飞：《晚清西北史地学研究》，中国社会科学院研究生院，博士学位论文。

③ 何秋涛：《考四・北檄北徼喀伦考》，《朔方备乘》卷十，参见侯德人：《清代边疆史地学》，北京：群言出版社，2006年版，第215页。

④ 金毓黼：《中国史学史》，石家庄：河北教育出版社，2000年版，第372—381页。

和“外夷狄内中华”的封闭的边疆观念，引起了国人对“俄患”的关注。

1878 年，一位号称“鹭江奇迹人”的作者，摘录俄国人自著历史，“译录其国史之大略”，编译成《俄国志略》。他在书的按语中强调，“其俄国所留心著意，无非侵占邻国地土为务。比现在形势而论，西边有英法德奥意各国，皆虎视眈眈，断不容有侵占之事，行之甚难……俄国之东界，乃我中国西北境，若不及早设防之，恐将来事机一露，即难收拾矣。俄之行为险诈，居心叵测，若视之兵戎，尚可预防，倘于玉帛礼貌而来，尤属可虑，不知其蓄意如何，更须严防为是”。[①]

1902 年，上海新作出版社出版中国留日学生从日文转译《哥萨克东方侵略史》。同年上海广智书局出版署名“养浩斋主人”编译的《俄国蚕食亚洲史略》，该书上篇为日本佐藤弘著，下篇为英国克乐诗著。译者在前言中指出：“今之稍识时务者，必曰俄虎狼也。”“闭门避虎，不如退而张弓。”[②] 次年，广智书局出版日本山本利喜雄著、麦鼎华译的两卷本《俄罗斯史》，译者在“序”中明示：“必先知虎之可畏焉，然后能忧之，然后能防之，则谈虎之学，其亦不可以已矣。”“且西北利亚（西伯利亚）铁道既成，势力骎骎南下，我国实首当其冲。若懵于其国势民情，日言抵御，曷当于事。”[③] 爱国学人一派拳拳之心和醒世恒言可见。

十月革命后，山内封介的《俄国革命运动史》、史列泼柯夫的《俄国革命史：1905－1907》均被译介，朱枕薪、杨幼炯、金兆梓、陈复光等均自行编写俄国革命史，介绍俄国革命大致经过。[④] 20 世

---

① 鹭江奇迹人编译：《俄国志略》，香港：中华印务总局 1978 年版，转引自张建华：《中国俄国史研究百年检视与思考》，《史学月刊》2020 年第 1 期。

② 养浩斋主人编译：《俄国蚕食亚洲史略》，上海：广智书局 1902 年版，第 1－3 页。

③ 山本利喜雄著，麦鼎华译：《俄罗斯史》，上海：广智书局 1903 年，第 1－4 页。

④ 张广翔、周嘉滢：《百年以来的中国俄国史研究》，《史学月刊》2015 年第 11 期。

纪三四十年代，俄国史研究逐渐发展，研究机构和学术杂志出现，论著数量增加，内容也相对丰富。1929 年，何汉文创办《俄罗斯研究杂志》。1930 年俄国史研究专门机构“俄事研究会”在南京成立，《俄罗斯研究》也由此创办，开启了俄苏研究的新阶段。此后苏俄评论社、中苏文化协会、中苏文化杂志社陆续创办，并出版《苏俄评论》《中苏文化》等杂志。研究成果仍集中于俄国革命史和通史，译著有波克罗夫斯基、范伦斯基、托洛茨基等的俄国革命史，蒲律托诺夫、迈斯基、佛那次基等的俄国通史，以及普列汉诺夫的《俄国社会思想史》。中国学者以国外学者成果为基础，经过多年学术积累，逐渐开始自行编写教材，主要有宗华的《俄国革命史概论》，以及娄壮行、顾谷宜、何汉文、陈廷璠等撰著的俄国通史。① 这一时期，中国出现了一个踊跃传播俄苏信息的浪潮。但其目的性非常明显，即国共两党和进步人士试图“盗取”俄苏“天火”为国家和民族计。此“天火”是大众层面关于俄国历史和俄苏政治的公共知识，并且相当一部分信息并非国人原创，也并非直接来自俄国，而是经由日文、英文或法文转译而来的，因此时常有以讹传讹之误。这一时期出现的多部标题为《俄国史》的研究著作，其研究的目的不是俄国历史本身，而是如何将俄国革命移植中国；并且原创性不强，基本为编译自俄文、日文或英文著作。因此，此一时期的俄国历史著述仍然还是公共知识范畴中的著作，俄国史专业研究学者尚未出现。②

在俄语教学与人才培养方面，1708 年康熙皇帝首创的俄罗斯馆至 1864 年并入京师同文馆，再于 1901 年并入京师大学堂。两年后

---

① 娄壮行：《俄国史》，上海：中华书局 1933 年版；顾谷宜编著：《俄国史纲要》，中国与苏俄杂志社 1935 年版；何汉文：《俄国史》，上海：商务印书馆 1939 年版；陈廷璠：《俄国史》，上海：商务印书馆 1940 年版。

② 张建华：《中国俄国史研究百年检视与思考》，《史学月刊》2020 年第 1 期。

于1903 年更名为京师大学堂译学馆。1919 年北京大学正式设立“俄文学系”，除有主课俄文，还加以文法、散文及会话、地理、俄国文学史、俄国历史五门课，“治俄文，穷俄事”成了俄文界办教育长远的方针。北大俄文学系因政治形势所局限，未能持续多久。1927 年大革命失败后，北大的俄文课虽未全废，但已趋萎缩，俄文系则被撤销。[①]

1949 年以来的 70 多年中，中国的俄苏研究经历了一个不平凡的历程。几代学人用自己的艰辛努力为中国的俄苏研究做出了卓越贡献，使得中国对于俄罗斯这样一个世界大国和重要邻国的认识日益深化。70 多年来的中国俄苏研究大致经历了三个阶段。

第一个阶段是从 1949 年到 50 年代末。这基本上是中苏“蜜月”期的十年，也是中国“全盘苏化”的十年。如果说这个十年有俄苏研究的话，那么更多的还是介绍苏联社会主义建设各个方面的“伟大成就和方法”，全盘抄袭苏联的东西。在俄国史研究方面，张蓉初等人翻译了潘克拉托娃的三卷本《苏联通史》，中国人民大学编译室组织翻译梁士琴科的二卷本《苏联国民经济史》，秦文允等翻译了波梁斯基的《苏联国民经济史讲义》，叔明翻译了札依翁契可夫斯基的《俄国农奴制度的废除》，关其侗等翻译了涅奇金娜的《苏联史》等。

20 世纪 50 年代，俄文专业与专业俄文并举，俄文大普及，学科教育形成规模。中苏友好和“全面学习苏联”的形势促成了 20 世纪 50 年代俄文大普及的热潮。大学普遍设“俄文”为第一外语必修课，中学有条件的也开俄文课；至少在高中，尤其是“三北”地区（东北、华北、西北）。俄文大普及时期产生了一批名家，代表人物

① 李明滨：《中国的俄罗斯学：现代进展与历史溯源》，《文汇报》2017 年 7 月 28 日，第 5 版。

有刘泽荣（1892—1972）和曹靖华（1897—1987）等。[①] 大量的俄苏文学作品，经济、社会、文化、军事管理的书籍被翻译成中文并得到广泛传播。

尽管上述译作对于第一代和第二代中国俄苏学人发挥了一定的专业启蒙作用，但当时的中国俄苏学界基本上还是处于照本宣科的译介和“全盘接受”阶段，缺乏独立的认知与思考。客观而论，这十年的研究更多的是单相思的满腔敬仰和无限热爱，科学的研究相对很少。例如，在俄苏历史研究领域，“由于特殊的政治气候，苏联史学意识形态色彩浓重，学术禁区较多。从苏联学者首批著作问世到20世纪90年代，苏联史学基本围绕‘斗争’主线展开，对中国学者尤其是留苏学者产生深刻影响”。[②]

第二个阶段是20世纪六七十年代。随着中苏关系恶化，特别是两国进入十年论战以及边界冲突，中国的俄苏研究来了个180度的大反转——除了揭批“苏联社会帝国主义”的全方位威胁外，俄国侵华史的研究也全面展开。这一时期的代表著作有中国社会科学院近代史研究所主持、吸纳全国力量集体撰写的四卷本《沙俄侵华史》，北京大学历史系集体编写的两卷本《沙皇俄国侵略扩张史》，复旦大学历史系编写的《沙俄侵华史》，北京大学历史系世界史专业工农兵学员集体编写的《沙皇俄国侵略扩张简史》，李济棠著《中东铁路：沙俄侵华的工具》，黑龙江省黑河地区工农兵业余理论小组和中国社会科学院历史研究所历史地理组编的《血与火的历史：沙俄霸占我国江东六十四屯的暴行》，施达青著《从〈瑷珲条约〉到〈北京条约〉：沙俄侵占我国东北领土一百多万平方公里的罪证》等。佟冬主编的《沙俄与东北》一书虽出版于1985年，但其

① 李明滨：《中国的俄罗斯学：现代进展与历史溯源》，《文汇报》2017年7月28日，第5版。

② 张广翔、周嘉滢：《百年以来的中国俄国史研究》，《史学月刊》2015年第11期。

编写工作始于20世纪70年代。此外，还有译自俄文和英文的著作，作为参考读物以内部发行方式出版，如美国的伦森著的《俄国向东方的扩张》，苏联巴赫鲁申著的《哥萨克在黑龙江上》，俄国阿尔谢尼耶夫著的《在乌苏里的莽林中》，苏联罗曼诺夫著的《俄国在满洲》等。回头来看，这一时期的研究不失偏颇之处，明显有"学术服务于国家政治"的特点，但它同时也是对前十年"全盘苏化"的纠偏过程，从另一个侧面让中国对俄苏有了更加全面、清晰的了解。

第三个阶段是与中国的改革开放进程相伴随的。随着中苏关系逐渐正常化以及中国学术研究氛围的日益好转，中国的俄苏研究进入了一个蓬勃发展期。40多年来，有关俄罗斯问题的研究机构纷纷成立，研究力量日益壮大，研究成果不断涌现。老、中、青三代俄罗斯问题学者从政治、历史、经济、社会、文化的诸多视角出发，对俄罗斯的历史命运、政治发展、经济转型、对外政策等诸多领域进行了深入研究，用自己的默默耕耘不断深化对俄罗斯的认知。

在历史研究方面，中国学者开始走出苏联官方史学的既有樊篱，运用大量的原始档案和新的视野、方法研究俄国史、苏联史，取得了不俗的成绩。"特别是由于中国的改革开放早于俄罗斯的转型，中国学者对于苏联模式的弊端有更深刻的体认，因此在苏联史的研究方面中国学者往往比俄罗斯学者更能反思得彻底、认识得到位。"①这一时期，李静杰先生主持翻译的《20世纪的俄罗斯：档案文件集》《中苏关系档案》，沈志华先生主持翻译出版的《苏联历史档案选编》《俄罗斯解密档案选编》《朝鲜战争：俄国档案馆的解密文

---

① 这是中国苏联史研究大家郑异凡先生在2020年10月底复旦大学俄罗斯中亚研究中心主办的"中国的俄苏问题研究：回顾与前瞻"学术研讨会上表达的观点。

件》《美国对华情报解密档案（1948—1976）》[①] 等原始档案不仅使中国学者拥有了研究苏联史及中俄关系史的宝贵一手资料，而且对这些档案资料的深入挖掘、利用，使中国学界在苏联史、中苏关系史、国际冷战史等相关领域迅速占据了国际学术前沿和高地。沈志华先生个人及其团队在利用苏联、中国、美国以及东欧国家原始档案基础上深入研究而取得的学术成果在国际学术界赢得了广泛的赞誉。[②] 商务印书馆组织刘祖熙、李建、左兴权、郝建恒等前辈翻译的克柳切夫斯基的《俄国史教程》五卷本、[③] 张广翔教授主持翻译的“俄国史译丛”等一大批俄国史、苏联史经典著作的出版，[④] 为国内学者汲取国际俄国史学界的学术营养提供了极大便利。孙成木、刘祖熙、李建主编的《俄国通史》是新中国学者走出苏联官方史学窠臼，独立编撰俄国通史的积极尝试。“它的出版，不仅为广大读者提供了一部常备的俄国史读物，而且为史学界今后的俄国史研究铺设了一块基石。”[⑤] 刘祖熙先生的专著《改革和革命——俄国的现代化研究（1861—1917）》，系统、全面地阐述了俄国现代化进程的历史，揭示了俄国赶超型工业化的特点以及1905年革命、1917年革命

① 沈志华主编：《苏联历史档案选编》（全34卷共36册），社会科学文献出版社，2002年版；沈志华主编：《俄罗斯解密档案选编：中苏关系（1945－1991）》，东方出版中心，2015年版；沈志华主编：《朝鲜战争：俄国档案馆的解密文件》台北，中央研究院近代史研究所，2003年版；沈志华、杨奎松主编：《美国对华情报解密档案（1948－1976）》，东方出版中心，2018年版。

② 沈志华先生的部分著述包括：《中苏同盟与朝鲜战争研究》，广西师范大学出版社，1999年版；《中苏同盟的经济背景：1948－1953》，香港中文大学香港亚太研究中心，2000年版；《斯大林与铁托——苏南冲突的起因及其结果》，广西师范大学出版社2002年；《苏联专家在中国（1948－1960）》，中国国际广播出版社，2003年版；《毛泽东、斯大林与朝鲜战争》，广东人民出版社，2003年版；《处在十字路口的选择：1956－1957年的中国》，广东人民出版社，2013年版；《苏联专家在中国（1948－1960）（第三版）》，社会科学文献出版社，2015年版；*After Leaning to One Side: China and Its Allies in the Cold War* (Washington, D. C.: Woodrow Wilson Center Press, Stanford, California: Stanford Unversity Press, 2011); *Mao, Stalin and the Korean War: Trilateral Communist Relations in the 1950s* (London and New York: Routledge, 2012) 等。

③ ［俄］瓦·奥·克柳切夫斯基：《俄国史教程》（五卷本），商务印书馆，1996年版。

④ 张广翔主编：《俄国史译丛》，社科文献出版社，2017年版。

⑤ 孙祥秀：《“俄国通史简编”述评》，《世界历史》1987年第3期，第100页。

的必然性。陈之骅、吴恩远、马龙闪教授主编的《苏联兴亡史纲》和周尚文教授等著《苏联兴亡史》，分别从不同角度多侧面、全方位地展示了苏联兴亡的历史进程及其世界意义。刘克明、金挥先生主编的《苏联政治经济体制七十年》在系统还原苏联政治经济体制发展轨迹的基础上，对苏联 70 年的社会主义道路进行了系统总结。“对于肃清《联共党史》对苏联政治经济体制的歪曲，按历史的本来面目重新评价苏联的社会主义道路”具有十分重要的意义。[①] 邢广程教授独著的《苏联高层决策 70 年—— 从列宁到戈尔巴乔夫》规模宏大，内容丰富。全书共分 8 卷，第 1 至第 7 卷主要运用历史方法，按历史线索先后评述了苏联 70 多年决策的历史轨迹及其决策得失，从而展示了苏联高层决策演变的全貌；第 8 卷主要运用逻辑方法，对苏联高层决策的脉络、机制、分歧以及领袖的决策能力和风格进行了总结与归纳。作者从高层决策这个视角入手，总揽全局，深入探究了苏联兴亡的深层原因。[②] 由郑异凡先生主编、徐天新先生和沈志华先生副主编的九卷本《苏联史》记述了从 1917 年二月革命到 1991 年 12 月苏联解体的苏联历史，按时间分卷，由人民出版社出版。2013 年 9 月首批出版的是其中五卷，分别是：第一卷《俄国革命》（姚海著）、第三卷《新经济政策的俄国》（郑异凡著）、第四卷《斯大林模式的形成》（徐天新著）、第八卷《勃列日涅夫的十八年》（叶书宗著）、第九卷《戈尔巴乔夫改革时期》（左凤荣著）。九卷本《苏联史》的陆续出版是中国“苏联史为学术研究领域的一件大事”，“这套著作系统考察和研究了苏联各个时期的历史，对历史事件、历史人物、历史发展脉络进行了全方位的考察和研究。尤其难能可贵的是，这套著作对以往一些研究不够充分的历史时期和某些

---

① 向祖文：《“七十春秋历尽沧桑——苏联政治经济体制七十年”一书评介》，《世界经济与政治》，1991 年第 10 期，第 74 页。

② 邢广程：《苏联高层决策 70 年——从列宁到戈尔巴乔夫》，世界知识出版社，1998 年版。

很少涉及的问题进行了比较深入的研究和介绍，在某种意义上说，填补了学术研究的空白”。[①] 郑异凡先生个人所著《苏联春秋》（三卷本）从全新的视角总结了从二月革命到苏联解体的俄国历史，在大量使用新材料的基础上提出了很多令人耳目一新的论断。[②] 由陆南泉、黄宗良、郑异凡、马龙闪、左凤荣五位学者主编的《苏联真相：对 101 个重要问题的思考》，形式新颖，以问答的形式回答了有关苏联是怎样建立的、苏联社会主义建设取得哪些成就和存在哪些致命的问题、苏联共产党为什么发生了蜕变、苏联人民为什么抛弃了苏共等重大问题，特别是对苏联模式进行了客观的评析，指出它在苏联建立社会国家初期曾起过重要的作用，但后来由于思想僵化，对马克思主义采取教条主义态度，不能与时俱进，不能根据客观变化了的情况进行适时的改革，使得高度集中的政治经济体制成为妨碍社会经济发展的一个重要因素。[③] 此外，闻一、马龙闪、黄宗良、林军、曹维安、张盛发、张建华等学者都对俄国史和苏联史的不同时期、不同领域进行了深入而有益的研究。

在转型研究方面，中国学界不仅对苏联的改革和转型紧密跟踪，充分借鉴俄罗斯社会转型的经验教训，还对中俄两国不同的转型路径进行了充分的比较研究，对更好地推进中国的改革开放事业发挥了重要作用。陆南泉等学者主编的《苏东剧变之后：对 119 个问题的思考》，论述了原苏东国家在政治、经济体制方面的转型轨迹、发展趋势，分析了其对外政策、文化、传媒与教育方面政策的变化。[④]

---

① 李凤林：《“苏联史”序》，载姚海著：《苏联史（第一卷）俄国革命》，人民出版社，2013 年版，第 2 页。

② 《苏联春秋》（三卷本，《革命与改良》《大转变》《改建与易帜》）上海人民出版社，2019 年版。

③ 陆南泉、黄宗良、郑异凡、马龙闪、左凤荣主编：《苏联真相：对 101 个重要问题的思考》（三卷本），新华出版社，2010 年 10 月版。

④ 陆南泉、左凤荣、潘德礼、孔田平主编：《苏东剧变之后：对 119 个问题的思考》（三卷本），新华出版社 2012 年版。

海运、李静杰研究员主编的《叶利钦时代的俄罗斯》分为政治、经济、外交、军事、人物五卷，对叶利钦时期俄罗斯的变化进行了全面的总结。[①] 冯绍雷、相蓝欣教授主编的“转型时代丛书”包括《转型理论与俄罗斯政治改革》《转型中的俄罗斯社会与文化》《俄罗斯经济转型》《俄罗斯与大国及周边关系》《转型中的俄罗斯对外战略》五卷，不仅是对俄罗斯15年转型历程进行了全面系统的总结，也对转型理论进行了有益的探索。[②] 冯玉军所著的《欧亚新秩序》（三卷本），较系统地研究了苏联解体至2018年的俄罗斯政治、经济、社会、对外关系与安全战略转型，是迄今为止国内由单一作者对俄罗斯转型进行研究的唯一专著。[③] 此外，近年来，国内还出版了有关俄罗斯政治、经济、社会、文化、对外政策、军事安全方面的大量著述，各具特色，从不同侧面对当代俄罗斯的发展进行了全面透视。

在肯定成绩的同时，也要看到诸多不足：

一是中国的俄苏研究长时期受到政治氛围、意识形态以及中苏关系变化的强烈制约。两国关系好的时候就是一片赞歌，两国关系恶化时就是全盘否定。就此而言，中国的俄苏研究缺乏真正的学术精神和健康的学术氛围。与政策拉不开距离，实际上也就失去了学术研究的意义，同时也失去了为高层决策提供更多选择的空间。

二是学科建设相对滞后。尽管有着70年的积淀，但是作为一个综合性的区域国别研究，我们还没有就俄苏研究的规律、理论、方法、路径和工具进行过很好的总结。迄今为止，国内还没有一本专门有关俄苏研究的理论和方法论论著；同时，国内尚未真正形成跨学科的“俄罗斯学”。尽管2006年8月在北京大学举办了第一次

---

① 海运、李静杰主编：《叶利钦时代的俄罗斯》（五卷本），人民出版社2001年版。

② 冯绍雷、相蓝欣主编：《转型时代丛书》（五卷本），上海人民出版社2005年版。

③ 冯玉军：《欧亚新秩序》（三卷本），中国社会科学出版社，2018年版。

“中国俄罗斯学学术研讨会”，并提出了“创立跨学科的俄罗斯学”的倡议，国内学者对如何构建中国的“俄罗斯学”也进行了诸多有益探讨，但受制于现实的科研教学管理体制、学术资源分配模式、人才分布状况以及学科建设本身的难度，中国的“俄罗斯学”研究尚处于探索阶段。

三是缺乏宏大的国际视野。就俄苏谈俄苏，而不能将其置于全球框架内加以深入研究，这就使我们难以确定其在世界政治、经济、文化、思想体系中的准确位置。与此相关联，中国的俄苏研究迄今为止更多还是对俄苏理论、材料和观点的“文本式解读”，缺乏用“第三只眼睛”观察研究对象的积极尝试，导致我们更多只是吸纳研究对象本身的思想和观点。

四是缺乏“大历史”的纵深研究。我们的俄苏研究往往就事论事，没有将研究对象放在连绵不断的历史长河中加以考察，没有将历史研究、理论研究、战略研究、比较研究与政策研究进行有机结合。实际上，无论是对俄苏本身还是对中俄关系的研究，不仅要看苏联解体后这 28 年、中苏建交这 70 年，更要看俄罗斯的千年历史和中俄关系的 400 年历史。当前，中俄关系正经历着 400 年未有之大变局。在深刻的历史剧变面前，俄罗斯的心态如何、将实施怎样的对华战略？需要放到历史长河中进行评价。

五是缺乏本体意识。很多学者“俄罗斯情结”过重，凡是俄罗斯和苏联的就是好的，容不得半个不字，以“非黑即白”“非敌即友”的价值判断代替科学严谨的实证、历史和逻辑分析。这种缺乏深入思考的研究方式无益于学术进步，也无益于中俄关系持续、稳定和健康发展。

三、俄苏研究的方法论探讨

当前，国际战略格局进入大变动、大分化、大改组的关键时期。作为大国关系互动中不可忽视的重要变量，俄罗斯的发展前景和政策选择将对国际格局的演变产生深远影响，中国的俄苏研究应该在既有成果的基础上提高到一个新的层次。

对于中国的俄苏研究而言，应将俄罗斯发展和中俄关系置于由三个坐标轴共同组成的立体空间中加以审视：一是宏大的历史观。俄罗斯千年历史的发展轨道是怎样的？中俄关系400年，俄罗斯对于中国究竟意味着什么？对于这些问题，要放在长时段的历史周期中进行考察。二是系统性的国际比较。要把俄罗斯置于整个世界体系的框架下加以思考，只有这样才能真正把握它在国际体系中曾经发挥什么作用、现在处于什么样的地位、未来还会发挥怎样的影响。三是要突出本体意识，以中国的国家利益作为研究俄苏问题的根本出发点。俄罗斯在历史上对中国产生过什么影响，现在经历着怎样的变化，未来又会向哪个方向演进？要以客观、严谨、深入的学术研究取代“自言自语”式的梦呓或“鸡同鸭讲”式的争论，只有真正把维护和拓展自身国家利益作为起点和归宿，中国的俄苏研究才能真正把握俄罗斯的战略脉动，体察其对世界和中国的影响。

俄苏研究是一个跨学科的研究领域，必须打破学科的界限，合理利用不同学科的范式、理论与方法，实现跨学科的研究。西方的苏联研究曾经经历了极权主义、现代化理论和多元主义以及自由主义等不同范式的转换，而不同范式的转换为苏联问题研究提供了新的视角。例如，现代化理论范式从发展的角度研究苏联传统农业社会向工业社会的变迁，将苏联经济与政治的关系置于工业化、城市化的背景下加以考察，从而探讨其经济制度、政治制度的变迁及其互动关系。而多元主义范式把苏联预设为一个颇似西方多元化的开放社会，引入利益集团、社团主义等分析框架，把政府、国家简约为利益集团现象，强调公共政策是集团压力的结果，是利益集团和同盟相互竞争的结果。不同学科范式的引入与利用拓宽了西方对苏联和俄苏研究的视野，并提供了多元化的研究路径与分析方法。可以说，跨学科的研究是当代俄苏研究永恒的增长点，也是这一学术领域能够不断创新的重要保障。

在中国的俄苏研究界，目前还很少有将俄罗斯国内政治、对外政策同俄罗斯文学研究紧密结合起来的实践，而美国的俄罗斯问题学者却在这方面做出了有益的探索。美国莱斯大学的埃娃·汤普逊教授专长俄罗斯文学与文化研究，她的《帝国意识：俄国文学与殖民主义》将萨义德的后殖民理论引入俄罗斯研究这一领域，专注于俄国文学和俄国文学理论语境中的后殖民主义时代意识。她通过细致而又具有历史感的文本分析，深刻地揭示出俄国文学中政权与文学文本之间的微妙关系。这些联系不仅表现在叙事者的语调和评论中，而且也同样表现在对文学形象的刻画和地理空间在读者记忆中的长期印象之中。实际上，俄国文学在一定程度上成为美化俄罗斯殖民主义行为的工具和俄罗斯帝国意识延续的载体。[①]

美国国会图书馆馆长、俄国文化史专家詹姆斯·比灵顿“以自己深厚的文化功底、史学修养以及对史家笔法的重视，重现了俄罗斯文化的动态演变过程，注意到了俄罗斯文化发展轨迹与其社会历史发展的某种相似性，并尝试着透过文化史发展的历程来展望俄罗

① 参见［美］埃娃·汤普逊：《帝国意识：俄国文学与殖民主义》，杨德友译，北京大学出版社，2009 年版。

斯未来的政治走向”。[①] 1966 年他的成名作《圣像与斧头：俄罗斯文化史的诠释》，讲述了俄罗斯文化作为一个整体所经历的发展过程，重点强调俄罗斯文化中与众不同的宗教和本土因素；在 1998 年的巅峰之作《俄罗斯的面孔》中，他试图审视俄罗斯文化在引进西方五种艺术形式的过程中从模仿转为创造的过程；2004 年他的封笔之作《俄罗斯寻找自己》则聚焦后苏联时代，通过研究人们思维和文化的表达方式来预测新生的俄罗斯联邦未来发展前景。这三部跨越不同学科、长时段年代的著作成为关于俄罗斯文化的经典之作。

深化中国的俄苏研究，必须打破学科内部不同研究方向的界限，做到“既专又通”。政治制度与文化、经济发展与转型以及对外政策之间的互动关系是把握当代俄罗斯脉动的一条主线。纵观 30 年来俄罗斯的发展历程，我们可以清晰地看到政治经济发展与外交政策演变之间的曲折变化与复杂关系。叶利钦执政前期，俄罗斯实行政治民主化和经济自由化，国家的功能与作用被极大地弱化。在这种背景下，俄罗斯对外政策的取向与重心自然是“大西洋主义”所倡导的“向西看”。普京执政之后，政治上“权威主义”强化，经济上“国家资本主义”抬头，而对外政策也经历了务实外交—强势外交—务实外交的循环。对于研究者而言，只有深入思考俄罗斯国家战略、经济发展、对外政策之间的内在联系，才能准确把握其国家发展的真实脉动。尽管每一项研究项目的选题与内容相对有限，但研究者必须思考比选题本身宽泛得多的内容。例如，俄罗斯 30 年发展历程是否表明，在俄罗斯这样一个国土辽阔、地区经济联系松散的国家，政治集权和经济集中是必然的治国之路？而在原苏联地区维系某种“帝国秩序”是否又是维护其国内政治稳定与拓展经济空间的必然选

---

① 张红、刘会宝：《俄罗斯国家身份的探寻之旅：詹姆斯·比灵顿的俄国文化研究》，《俄罗斯研究》2012 年第 3 期。

择？上述目标之间如何相互作用、相互影响？是否只有国家机器才能作为超然的主体保持俄罗斯的完整和生存？是否在这样的国家不需要也不可能允许公民社会的发展？在民众、寡头、社会与国家之间需要建立一种什么样的关系？历史上，俄罗斯曾经历过彼得大帝和斯大林时期的强大与辉煌，但这是建立在“强国家、弱社会”的基础之上，“这样的强大尽管令人畏惧，但不可有持久”。[①] 那么，在新的历史时期，俄罗斯国家与社会之间的关系正经历怎样的互动？苏尔科夫所提出的“普京的长久国家”站得住脚吗？俄罗斯的国家体系真的是建立在信任而非质疑和批评的基础之上吗？[②]

深化中国的俄苏研究，必须打破历史与现实的隔阂，实现两者的融会贯通，在现实的氛围中审视历史，在历史的背景下把握现实。美国国会图书馆馆长詹姆斯·比灵顿是国际知名的俄罗斯问题专家，他的著作在国际俄罗斯学界具有广泛影响，同时他也对美国政府的对俄决策发挥着重要影响。比灵顿认为：“人文学科比带有计算性质的社会科学更具有洞察力，特别是在判定一些事关历史方向的重大问题的时候。”[③] 这就是说，任何一个国家的发展都受到自然条件、历史传统、文化特性的制约，特别是对于俄罗斯这样一个国家来说，无论是分析其当下情境，还是研判其未来发展，如果脱离了俄罗斯历史发展的轨迹，都不会得出正确的结论。

苏联解体后，俄罗斯的转型其实也是国家寻求现代化道路的过程。对这一问题，一个重要研究路径是将其放在长时段历史进程中来考察，认识到此番现代化进程是俄罗斯现代化历史进程中的一个

---

① 范建中、吕磊：《俄罗斯的强盛为何不能持久：对国家与社会关系的历史分析》，《世界经济与政治论坛》2006 年第 2 期。

② Владислав Сурков. Долгое государство Путина. https：//www. ng. ru/ideas/2019 - 02 - 11/5_7503_surkov. html.

③ ［美］詹姆斯·比灵顿：《俄罗斯寻找自己》，杨恕译，兰州大学出版社，2007 年版，第 3 页。

新阶段。这样，我们不仅获得了一个新的研究视角，更可以使对现实问题的研究和未来预测拥有牢固的历史根基。再如，通过对彼得大帝改革、亚历山大一世改革、维特改革、斯大林推进工业化进程等的回顾，我们可以比较普京时期的现代化与上述不同的现代化进程在目标设定、路径选择上有着怎样的异同，推进现代化的手段与方式、对待外国资本的态度、在推行现代化的过程中与外部世界的互动有着怎样的差异，而自然禀赋、经济结构、管理模式、政治文化、官僚机制、社会心态等因素又将对新一轮现代化进程产生怎样的影响。这种将历史与现实紧密结合的方式才能使我们的研究经得起时间的考验和实践的推敲。

推进中国的俄苏研究，必须实现“历史回归”，要学会进行科学的历史比较。近代以来，俄罗斯在东亚的存在和影响历经几轮波浪式起伏。1856 年克里米亚战争失败后，俄罗斯掉头东进，借中国陷入太平天国起义内乱和第二次鸦片战争之机迫使中国签署一系列不平等条约，从中国割占上百万平方公里土地，真可谓“失之东隅，得之桑榆”。之后，俄罗斯与日本在中国东北和朝鲜半岛展开激烈角逐。1895 年中日甲午战争后，俄罗斯借助李鸿章“以俄制日”的想法诱使中国签署《中俄密约》，通过修筑中东铁路等一系列措施在华攫取大量利益。[①] 在日俄战争中被日本击败后，俄罗斯的东亚战略核心目标即引导强势日本“南下”，而非“北上”，最终在 1941 年以牺牲中国利益为筹码与日本签署《苏日中立条约》，把日本的侵略能量引向中国、东南亚和太平洋。而在二战行将结束之际，苏联却利用《雅尔塔协定》出兵东北亚并取得了巨大利益，特别是让外蒙古实现了法理上的独立。可以看到，尽管历史上俄罗斯在东亚缺乏足

① 黄定天等著：《战后东北亚国际关系史研究》，北京：社会科学文献出版社，2018 年版，第 77－78 页。

够的实力，但却有着连贯的战略并善于借力打力以获得最大利益。当前，东亚战略格局正经历着历史性转折，俄罗斯也开始了新一轮“向东转”进程。在此过程中，俄罗斯有着怎样的战略目标、会运用怎样的策略手法？历史不会给我们全部答案，但肯定会给我们有益的启迪。

创新是任何一门学科发展所必需的动力。要让研究更加理性、客观、准确，就必须以方法创新提升研究质量。一方面，要坚持马克思主义唯物史观，综合运用历史学、政治学、经济学、战略学、国际关系学、社会学的研究方法，将俄苏问题研究置于跨学科的学术视野之内；另一方面，要努力改变国内俄苏问题研究重文本解读、轻数据分析和田野调查的传统，在关注俄罗斯的国家战略文件、领导人讲话等所反映出的主观意愿的同时，通过对大量经济、政治、社会数据的分析来研判俄罗斯发展的环境制约与现实可能，从而得出客观、公正、经得起实践和时间检验的结论。也只有这样，才能把握研究对象的本质与规律，实现俄苏问题研究历史、现实和预测的有机统一。

对于中国的俄苏研究而言，大胆挖掘新的研究领域，提出新的研究视角，运用新的研究方法无疑是极为重要的。例如，西伯利亚的开发不仅对俄罗斯经济发展具有重要作用，而且对俄罗斯与周边国家的合作也具有重要影响。如果从这些角度考虑，我们就可以对西伯利亚的开发历史、俄罗斯对西伯利亚的开发战略、俄罗斯在西伯利亚开发问题上的对外合作进行相关考察。如果我们再拓展思维空间，联想到富集但开发难度极大的西伯利亚资源，联想到良好而又脆弱的西伯利亚生态环境，联想到随着全球变暖可能到来的北极开发与西伯利亚开发的紧密互动，那么我们也许就会发现许多潜力巨大的学术“新大陆”。

在这方面，美国同行的一些思维方式与研究方法值得我们参考和借鉴。2003年，美国布鲁金斯学会出版了一份名为《西伯利亚的诅咒》的研究报告，报告的作者菲奥娜·希尔和克利福克·加迪集中讨论了过去200年间，特别是苏联时期对于西伯利亚的开发。他们提出了“经济温度”这一概念，并试图以此为核心来揭示西伯利亚开发与俄罗斯社会发展之间的复杂关系。他们认为，苏联政府无视西伯利亚恶劣的自然环境，错误地处理人与自然的关系，不断投入金钱、资源和数以百万计的劳动人口在世界“最冰冷的角落”建立城市和企业，但这些苏联城市成形后，城市本身（连同其交通系统）亦几乎同时步入衰败。他们认为，幅员广大但经济效益低下的“西伯利亚不是地球上最美好和资源最富庶的地区，而是一个无底深潭，一个既耗竭又死缠住俄罗斯的僵冷而无法摆脱的巨大苦恼”。与此同时，他们提出，一个国家或地区的经济力量鼎盛与否，不是取决于国土大小，而是要看其经济交易的次数和效率，要看传统智慧、教育及技能、社会结构、法治以及政府是否鼓励投资等。比如18世纪的荷兰和现今的中国香港、新加坡，因为聚居了能接受新概念、对新科技反应极快的大批商人，所以都取得了经济上的繁荣，而西伯利亚的官僚架构和他们所管理的“冰封之地”却完全是个反面。[①]无独有偶，格雷格·伊斯特布鲁克的新作《刺耳的繁荣：“超音速”经济为我们带来了什么》，以雅库茨克的案例向我们展示了西伯利亚发展的现实场景和未来发展的种种可能。[②] 无论我们是否同意他们的最后结论，但这种大胆而新颖的思路和方法无疑对推进相关问题的研究具有重要的参考价值。

推进中国的俄苏研究，必须立足中国，面向世界。所谓立足中

---

① Fiona Hill and Clifford G. Gaddy. The Siberian Curse: How Communist Planners Left Russia Out in the Cold, Brookings Institution Press 2003.

② 格雷格·伊斯特布鲁克：《刺耳的繁荣：“超音速”经济为我们带来了什么》，中信出版社，2011年版。

国，就是要突出中国的主体意识，将维护和推进中国国家利益作为中国俄苏研究的根本出发点，用中国的视角来观察俄罗斯、审视俄罗斯。近400年来，俄罗斯始终在中国对外战略中具有举足轻重的地位，对中国的国家安全、经济发展、制度建设、管理模式乃至民族文化有着至关重要的影响。当代俄罗斯的社会转型对于中国的改革有着巨大的参考价值与借鉴意义，俄罗斯的经济发展模式与状况关乎中国的经济安全，俄罗斯的对外战略选择与外交影响着中国的周边安全与国际环境，所以中国的俄苏研究必须高度关注俄罗斯的变化对中国意味着什么、中国如何应对的问题。北京师范大学张建华教授认为，中国的俄罗斯学实际上就是"俄罗斯学"在中国的"本土化"，"中国学者必须具备本土文化的本位意识，必须借助于来自中国学术传统中优秀的本土资源，将其'内化'为自信稳重的心态和有效可操作的技能，对来自俄罗斯的'俄罗斯学'和西方'俄罗斯学'辐射而来的各种信息加以自觉的过滤、消化和甄别，对'俄风西雨'择善而从，而不是一味偏信或一味孤妄，坚持自己的学术思路和独立见解，从而形成中国语境下的'俄罗斯学'"。①

俄罗斯是中国最大的陆上邻国和重要的全面战略协作伙伴。作为两个历史命运曾紧密相连、国家治理模式曾高度相似并继而进入社会转型的国家，中俄两国的未来发展依然息息相关。安全上，俄罗斯的发展前景将深刻影响中国的周边安全环境。冷战结束20年来，中俄关系的顺畅发展是在中国快速发展、俄罗斯相对衰落的历史背景下展开的，那么在俄罗斯进入新的发展阶段之际，中俄安全关系将面临哪些机遇与挑战？经济上，随着中俄两国经济体量、发展水平和发展路径的差异扩大，中俄能否实现共同发展、双边经济合作的不平衡收益问题如何解决？外交上，俄罗斯积极推进欧亚联

① 张建华：《中国俄国史研究百年检视与思考》，《史学月刊》2020年第1期。

盟而中国在欧亚地区利益的不断扩展，中俄是共同维护欧亚地区稳定还是可能形成正面交锋？随着中美关系的恶化，俄罗斯是继续与中国密切战略协作还是借中美矛盾坐收渔利？可以说，在新的形势下，俄罗斯发展前景对中国的影响深远而全面，对这些问题的深入研究是为中央决策服务、为中国和平发展营造良好国际环境提供智力支持的紧迫任务。

所谓面向世界，就是要广泛吸收国际俄苏研究的学术营养，学习和借鉴其他国家和地区俄苏研究机构和专家的研究路径和分析方法。[①] 在继续巩固和深化与俄罗斯学术机构交流的同时，中国的俄苏研究界也需要进一步拓宽与其他国家俄苏研究机构和学者的学术交流，要通过广泛参与国际学术会议、在国际权威俄罗斯问题期刊发表文章等方式在国际斯拉夫学界占有一席之地。相信这种多元化的学术交流，会让我们拥有一面多棱镜，我们可以用它来更准确、更细致地观察五彩斑斓的俄罗斯。在这方面，首都师范大学林精华教授做出了有益的探索，他的《误读俄罗斯：中国现代性问题中的俄国因素》一书，“努力尝试同国际上的俄罗斯研究接轨。书中引用了欧美学者有关这一课题的大量论述，形成多种视角的对话，令人大开眼界，也着实把问题引向了深入”。[②]

中俄关系研究，无论是历史问题研究还是现实问题研究，都在俄苏研究中占据重要地位。中俄关系在苏联解体后实现了平稳过渡，两国结为全面战略协作伙伴关系。历史证明，中俄关系只能搞好、不能搞坏，和则两利、斗则两伤。苏联解体以来，中俄关系在政治、经济、国际关系、安全、人文等多重领域都取得了长足进展。但必

---

① 近年来，一些中国中青年学者就其他国家和地区的俄罗斯问题研究进行了总结，并取得了扎实的研究成果。可参见封帅：《冷战后英国的俄苏研究》；阎德学：《冷战后日本的俄苏研究》；韩冬涛：《冷战后斯堪的纳维亚地区的俄苏研究》，上海人民出版社，2018 年版。

② 参见林精华著：《误读俄罗斯：中国现代性中的俄国因素》，商务印书馆，2005 年版。

须清醒地认识到，我们说当前“中俄关系处于历史上的最好时期”并不只是基于具体合作的成果，而是基于在经历了400年的风雨之后，中俄两国终于找到了“不结盟、不对抗、不针对第三国”以及“世代友好、永不为敌”的关系原则。可以毫不夸张地说，这些原则是中俄关系发展的“黄金定律”。坚持这些原则，中俄关系就可以健康、平稳、可持续地发展；背离这些原则，中俄关系就有可能扭曲变形，甚至重蹈忽热忽冷的覆辙。正所谓，“君子之交淡若水，小人之交甘若醴；君子淡以亲，小人甘以绝”。[①] 有了这一定海神针，俄苏研究，特别是中俄关系研究，才能保持正确的轨道而不致跑偏。

① 冯玉军著：《欧亚新秩序》（三卷本），中国社会科学出版社，2018年版，《自序》第3页。

中俄经济关系：现状、特点及平衡发展*

冯玉军

【内容提要】近年来，中俄关系进一步升温，两国都试图以此减轻来自美国的战略压力、获取新的经济增长空间、改善各自面临的国际环境、推动世界格局和国际秩序向自己所期望的方向发展。本文将“相对收益”这一指标引入中俄关系分析，试图从考察两国对相互借重的态度入手，结合国际格局与世界经济的宏观演变，对中俄在贸易、能源、投资、科技等领域合作的成效和收益进行实证分析和客观总结。在百年未有之大变局下，要准确把握中俄关系的效益边界、把握成本和收益的关系，将维护和拓展中国国家利益作为发展中俄关系的根本出发点，将运筹中俄关系服务于为中国的安全营造良好的周边和国际环境，为中国的发展提供更多的经济和战略助力。

中俄关系是中国对外战略的重要方向。400 年中俄关系史表明，中俄关系只能搞好、不能搞坏；合则两利，斗则两伤。与此同时，任何国家间关系的发展都存在成本和收益的问题，以最小的成本获取最大的收益是国家对外政策和外交行为的重要原则。在百年未有

* 原文刊载于《亚太安全与海洋研究》2021 年第 3 期。

之大变局下，中国的国际战略和对外政策需要更缜密的细节谋划和更周全的利弊权衡。尽管中俄之间的关系发展势头良好，但也要清醒地认识到，只有收益相对均衡，中俄关系才能平衡、健康、可持续地发展。

2014 年乌克兰危机后，美国和欧盟对俄罗斯实施了严厉制裁。2018 年，特朗普政府以不公正贸易等为借口，对中国输美商品加征关税，中美贸易战就此打响。在各自面临美国巨大压力的情况下，近年来中俄两国政治亲密度进一步提升，经济合作水平也逆势上扬。双方都试图以此减轻来自美国的战略压力、获取新的经济增长空间、改善两国面临的国际环境、推动世界格局和国际秩序向各自所期望的方向发展。

乌克兰危机至今已过去 6 年，中美贸易战也持续了 3 年时间。这期间，中俄日益紧密的经济合作是否取得了预期效果？在此过程中，两国各自付出了怎样的成本，获得了怎样的收益，成本与收益是否平衡？本文试图从考察两国对相互借重的态度入手，结合国际格局与世界经济的宏观演变，对中俄在贸易、能源、投资、科技等领域的合作成效进行实证分析和客观总结。

一、相互借重

美欧因克里米亚危机对俄罗斯实施制裁之后，中国给予了俄罗斯极大同情。2014 年 12 月 20 日，中国外交部长王毅表示，中俄合作不受国际形势左右，两国的平等互利合作在当前形势下更为重要，中方会与俄方保持接触，看下一步能做哪些事情。“如果俄方需要的话，我们会在力所能及的范围之内提供必要协助。”[①] 中国商务部长高虎城也表示，西方的制裁使中俄扩大货币互换机制的重要性进一步凸显，需要更多使用人民币进行中俄贸易结算，在卢布大幅波动的情况下保证贸易结算的安全可靠。他强调中俄能源、制造业等大项目的推进要更多从两国产业互补性、经济结构等基础性角度去看待，不会因为眼前俄罗斯的金融和经济形势而发生显著改变。[②] 西方媒体认为，这是中国向俄罗斯发出的善意信号。彭博社援引中国专家评论称：“如果俄罗斯政府决定向中国政府求助，中国高层领导不大可能拒绝。这将是绝佳的机会，既能展现中国自身的大国地位，也能表明中国是患难与共的朋友。”[③]

针对中国国内的“援俄论”，俄罗斯驻华大使杰尼索夫的表态颇耐人寻味。他表示：“俄罗斯经济确实经历困难时期，但我认为，俄罗斯不需要任何紧急援助，俄罗斯需要的是支持。俄罗斯处于危机状态，但与中国等伙伴讨论的不是援助，而是互惠互利，如贸易交易时以本币结算的规模，这些不是援助。这样做对中方有利、对俄方有利，对双方都有利。”[④] 他同时强调：“俄罗斯是世界大国，不是‘二流国家’。在应对西方制裁和施压方面，俄罗斯是一个硬度和强度都很好的国家……无论怎么看，俄罗斯都是世界面积最大、欧洲人口最多、市场前景很好的国家。”[⑤]

可以看到，中俄两国外交人士围绕中国在美国制裁背景下对俄支持的表述有着微妙而又有趣的差别。不过，俄罗斯卫星网在总

---

① 《外交部长王毅：中方在力所能及范围内助俄度困》，http：//world. people. com. cn/n/2014/1221/c1002 - 26246567. html.

② 同上。

③ 《外媒：中国必然会出手相助》，http：//news. youth. cn/gn/201412/t20141221_6310235. htm.

④ 《俄大使接受〈环球时报〉专访：俄不需中国援助，需支持》，https：//world. huanqiu. com/article/9CaKrnJGioz.

⑤ 同上。

结2014年俄中关系时还是将中国拒绝参与对俄制裁列为当年俄中关系大事之首，称在政治领域双边关系的重要事件是中国对西方制裁俄的反应。俄国家杜马俄中议员友好小组秘书尤里·纳格尔尼亚克认为："中国外交部的声明，即使不是史无前例的，也明确反映了俄中关系的深化。"① 有中国学者评论认为，中国国内关于"援俄论"的争论暴露出了一些深层次问题：中方往往按自己的思维方式去看待别人，没有意识到跨文化差异对相互认知的重要影响。俄罗斯是一个拥有强烈民族自尊心的国家，也是一个拥有300多年大国外交传统的国家。即使真的面临困难、需求援助，它也决不会直接伸手，而是会以委婉的方式、找到一些令施援者心动的理由来寻求"合作"，结果往往让人感觉到不是你帮了它，而是它帮了你。②

2018年6月15日，美国政府以中美贸易严重失衡等为借口，发布对中国进口商品加征关税清单，宣布对从中国进口的约500亿美元商品加征25%关税。6月16日凌晨，中国国务院关税税则委员会决定对自美国进口的659项约500亿美元商品加征25%关税。中美贸易战就此正式打响。贸易战的爆发是中美建交40年来发生的重大历史性事件。原本日益紧密、被视为中美关系"压舱石"的经贸合作反而成为导致双边关系急剧下行的导火索，这是中国不希望看到、也不曾想到的。

在中美贸易战黑云压城之际，中国将深化对俄合作视为抵御美国压力的重要支撑，而俄罗斯也看到了中美关系恶化可能带来的重要战略机遇。两国之间的政治互动、经济合作以及国际战略协作进

---

① 《俄媒盘点2014俄中关系大事记：中国拒对俄制裁居首》，https：//world. huanqiu. com/article/9CaKrnJGoHN.

② 冯玉军：《"救俄"争论暴国人意识的潜问题》，https：//opinion. huanqiu. com/article/9CaKrnJGgFF？w=280.

一步升温。

2018 年 6 月 8—10 日，俄罗斯总统普京访华，中俄两国发表《联合声明》，认为“当今世界冲突高发，地缘政治矛盾激化，建设性协作空间压缩，经济保护主义抬头”，强调“中俄伙伴关系是当今国与国关系的典范，中俄协作是维持世界战略平衡与稳定的关键因素”，特别表示“反对绕开联合国安理会采取单边经济制裁，反对破坏公平诚信竞争原则和损害世界经济的讹诈、施压”，主张“共同采取措施，促进世界经济可持续增长，确保全球金融体系稳定，促进贸易和投资自由化便利化，反对单边主义和一切形式的贸易保护主义，维护和巩固以世界贸易组织为核心的多边贸易体制”。[①] 2019 年 6 月 5 日，中俄在莫斯科签署《关于发展新时代全面战略协作伙伴关系的联合声明》，宣布将致力于发展中俄新时代全面战略协作伙伴关系，并确定“守望相助、深度融通、开拓创新、普惠共赢”的新目标。在国际经济领域，两国特别提出“反对包括单边贸易制裁在内的任何形式的保护主义，维护并巩固以世界贸易组织核心作用和规则为基础的开放、透明、包容、非歧视的多边贸易体制；反对国际经贸合作中的政治垄断和货币讹诈，谴责个别国家企图掌控别国开展正当合作的必要性和尺度，以及操纵全球不扩散制度，向不合其心意的国家施压”。[②]

---

① 《中华人民共和国和俄罗斯联邦联合声明》，2018 年 6 月 8 日，https：//www. fmprc. gov. cn/web/gjhdq_676201/gj_676203/oz_678770/1206_679110/1207_679122/t1567243. shtml.

② 《中华人民共和国和俄罗斯联邦关于发展新时代全面战略协作伙伴关系的联合声明》，https：//www. fmprc. gov. cn/web/gjhdq_676201/gj_676203/oz_678770/1206_679110/1207_679122/t1670118. shtml.

二、中俄贸易

在西方对俄制裁和中美贸易战背景下，2014—2020 年的中俄双边贸易经历了一个由高到低、进而逆势上扬并实现历史性突破的过程。2014 年，双边贸易额达到 952. 7 亿美元。2015 年和 2016 年，受国际油价下跌和西方对俄制裁等因素影响，双边贸易下滑严重。但从 2017 年开始，两国通过采取一系列措施促使贸易额实现了较快反弹。2017 年中俄贸易额达到 840. 94 亿美元，同比增长 20. 8%。中国连续 8 年保持俄第一大贸易伙伴国地位。2018 年，中俄双边贸易额达到 1082. 8 亿美元，首次超过 1000 亿美元，创历史新高，增幅达 27. 1%，增速在中国前十大贸易伙伴中位列第一。2019 年，中俄双边贸易同比增长 2. 5%，达到 1107. 57 亿美元，中俄贸易占俄罗斯外贸总额的比重增至 16. 6%，较 2018 年上升 0. 9 个百分点。2020 年，尽管受到新冠肺炎疫情的严重冲击，但中俄贸易仍保持千亿美元以上高位（见图 1）。

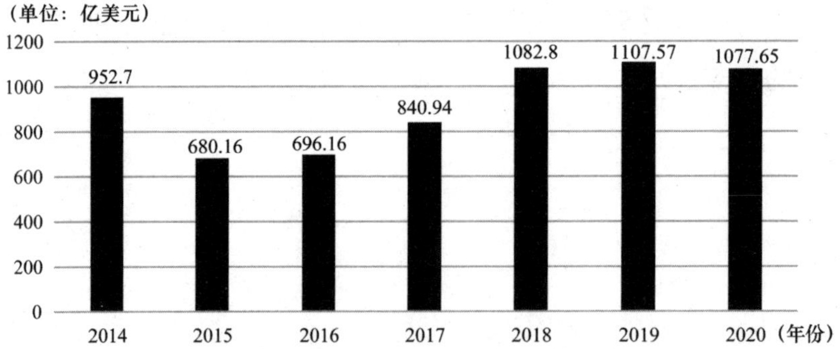

图 1　中俄双边贸易额

数据来源：中国商务部：《俄罗斯贸易简讯》，https：//countryreport. mofcom. gov. cn/indexType. asp？p_coun = % B6% ED% C2% DE% CB% B9.

在新冠肺炎疫情大幅蔓延之前的 2020 年 1—2 月，中俄贸易额同比增长 5.6%，达到 171 亿美元。其中，俄罗斯对华出口增加 21.7%，达到 111 亿美元，而中国对俄出口则减少了 15.4%。与此同时，中国首现 71 亿美元的贸易逆差。同期，中美贸易额同比下降 20.9%，为 605 亿美元。中国对美出口减少 27.7%，为 429 亿美元。通过这组数据可以清楚地看到中俄、中美贸易之间强烈的反差：中美贸易特别是中国对美国出口在迅速下滑，而俄罗斯对中国出口却在迅速增长、贸易顺差扩大明显。俄罗斯媒体评论称："对美贸易战、抗击新冠肺炎疫情显然对中国外贸产生了不利影响，但目前的局面却给俄罗斯带来明显益处。"①

在中美贸易战中，大豆等农产品成为中国对美实施反制裁的焦点，这给俄罗斯农产品进入中国市场提供了大好时机。2014—2020 年，俄罗斯农产品对中国出口连年增长，从 10.95 亿美元猛增至 40.9 亿美元，年均增速达 39%（见图 2）。

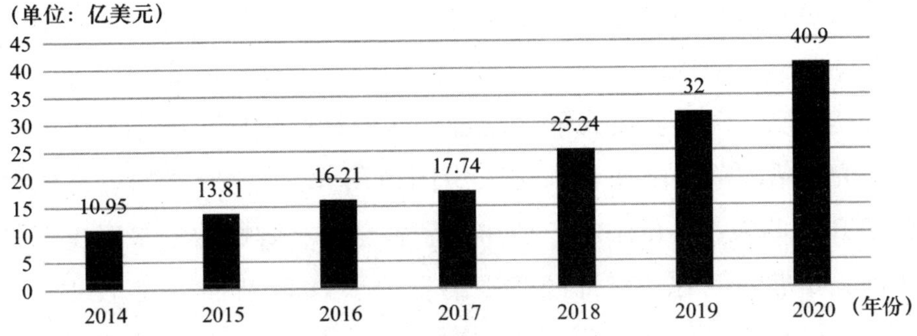

图 2　俄罗斯农产品对华出口数据

数据来源：https：//www. trademap. org/.

---

① Анатолий Комраков.，"Россия и Китай совершили торговое чудо：У Поднебесной товарооборот со всем миром падает，а с Россией – растет". *Независимая Газета*. 9 *марта* 2020.

2018 年，俄罗斯对中国出口 86.2 万吨大豆，同比增长 91%，占俄大豆出口总量的 89%。[①] 2019 年 6 月，中俄签署《关于深化中俄大豆合作的发展规划》，两国企业将在大豆等农作物生产、加工和贸易等领域实现全产业链合作。随后，中国宣布在俄境内所有产区种植的大豆，经检验检疫合格后都可以进入中国市场。根据俄罗斯政府制定的农产品出口发展战略，俄方希望到 2024 年把对华农产品出口额提高到 95 亿美元。

除大豆及其制品外，俄罗斯对进入中国肉类制品市场也雄心勃勃。2018 年 11 月，中俄两国相关部门签署禽肉和乳制品相互供应协议。第一批有 23 家俄罗斯生产商获得向中国出口鸡肉的资格。2019 年 2 月，俄罗斯时隔 13 年首次对中国出口家禽产品。2019 年俄共出口约 20 万吨禽肉，其中约 6 万吨销往中国。截至 2020 年年初，俄罗斯共有 40 家家禽加工公司和 15 家仓储公司获得对中国出口家禽产品的资格。[②] 俄罗斯对中国的肉类市场更是寄予厚望，俄罗斯养猪专家估计中国市场的潜力为 5 亿美元。俄罗斯联邦兽医和植物检疫监督局表示，2019 年 8 月在工作组会议上与中国同事讨论俄罗斯牛肉和猪肉进入中国的问题。俄方呼吁中国对口蹄疫和非洲猪瘟采取区域化原则，允许从没有危险动物疾病的地区供应。俄方希望能够尽早允许俄罗斯牛肉和猪肉进入中国市场。[③] 俄罗斯驻华贸易代表 2019 年 3 月表示，俄中农产品和食品贸易下一阶段的主要工作就是牛肉输华准入问题，首批俄产牛肉有望于 2020 年实现对华出口。[④]

---

① 《俄罗斯欲扩大对华农产品出口，美豆涨价难获青睐》，中国粮油信息网，http://www.chinagrain.cn/axfwnh/2019/11/18/m5251582514.shtml.

② 《俄罗斯欲扩大对华农产品出口，美豆涨价难获青睐》，中国粮油信息网，http://www.chinagrain.cn/axfwnh/2019/11/18/m5251582514.shtml.

③ 《俄罗斯肉类最具对华出口潜力》，http://zezx.dbw.cn/system/2019/07/01/001334822.shtml.

④ 《俄牛肉有望在 2020 年实现对华出口》，http://ru.mofcom.gov.cn/article/jmxw/201903/20190302841856.shtml [2020-12-17].

2020 年 1 月 17 日，中国海关总署批准《中俄关于俄罗斯牛肉输华检验、检疫和卫生要求议定书》，并颁发相关许可证，这意味着中国市场对俄罗斯产牛肉打开了大门。[①] 2020 年 4 月 1 日，俄罗斯副总理阿布拉姆琴科称，俄对华出口的首批牛肉将于 4 月 7 日抵达中国。她高兴地表示："对华出口将为俄畜牧业发展带来新动力。我们从零开始发展该领域，取得现在的突破难能可贵。"[②] 2020 年，中国已经成为俄罗斯肉类的最大出口市场，占其出口总量的 37%。[③] 增长速度之快，令人叹为观止。

然而，在扩大对中国的农产品出口的背景下，俄罗斯对中国出口产品的态度却出人意料。俄罗斯联邦兽医及植物检疫监督局宣布，从 2020 年 1 月 9 日起对中国出口至俄的海产品实施临时限制。[④] 在此之前，俄还宣布对中国柑橘类水果的进口限制。

如果对比 2014—2020 年中国对俄贸易的进出口平衡，会很清楚地发现，一个明显的趋势是中国从原来的顺差在短短的几年之内变成逆差。2014—2017 年，中国对俄贸易顺差分别为 120. 8 亿、15. 69 亿、40. 69 亿和 17 亿美元；而从 2018—2020 年逆差则分别为 38. 48 亿、113. 47 亿和 65. 96 亿美元（见图 3）。

---

① 《俄罗斯企业获准对中国出口牛肉》，http：//tsrus. cn/kuaixun/2020/01/18/668445.

② 《俄副总理：俄开始对华供应牛肉，第一批牛肉将于 4 月 7 日抵达中国》，http：//sputniknews. cn/economics/202004021031136179/.

③ 《2020 年中国占俄罗斯肉类出口总量 37%，成最大进口国》，https：//www. sohu. com/a/446182447_100022286.

④ 《质量存在问题，俄临时禁止部分中国海产品进口》，http：//tsrus. cn/jingji/2020/01/16/668401.

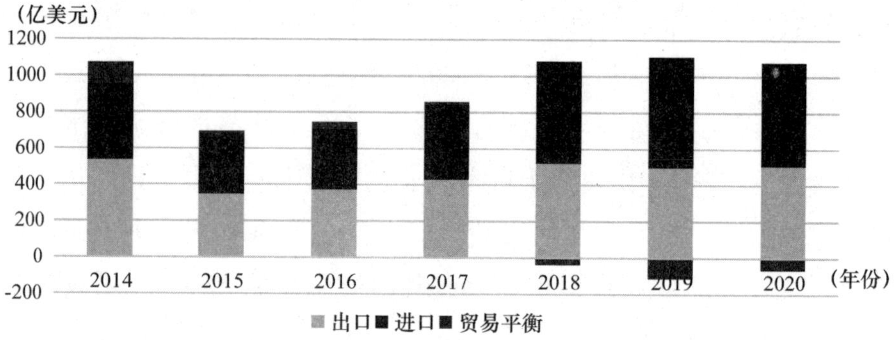

图 3　中国对俄贸易平衡图

数据来源：根据中国海关相应年份统计数据整理。

三、中俄能源关系

能源是俄罗斯最重要的经济支柱。但自美国对俄罗斯实施制裁以来，俄罗斯能源领域始终是美国的重点打击方向，禁止美元交易、限制美元融资、限制技术转让、压制管道建设、对俄主要能源企业及其负责人进行“精准”制裁。美国的制裁措施极大限制了俄罗斯能源行业从西方获得资金、技术的可能，也在一定程度上压缩了俄罗斯的能源出口空间。因此，加速从中国获得资金、技术和出口市场成为俄罗斯能源行业渡过难关的重要选择，也成为俄罗斯对外能源战略调整的重要方向。而实际上，近年来俄罗斯能源行业从中国也是获益颇丰。在国际油气市场供过于求的情况下，俄罗斯获取了中国这样一个巨大的油气销售市场，实现了对外能源战略的重大调整，极大减轻了美国制裁带来的压力。

第一，俄罗斯对中国石油出口迅速增长。2014—2020 年，俄罗斯对华石油出口量连续上升，从2014年的3310.82万吨增至2020年的8357万吨，6年间增长129%，年均增速达21.8%（见图4）。2016—2018年，俄罗斯连续三年超过沙特成为中国第一大石油供应商（2018年，俄罗斯对中国出口石油比沙特多1500万吨），中国成为俄罗斯石油出口前景最好的市场。

第二，得益于新启动的西伯利亚力量管道和亚马尔液化天然气项目，俄罗斯迅速提高了对中国的管道天然气和液化天然气出口规模。①

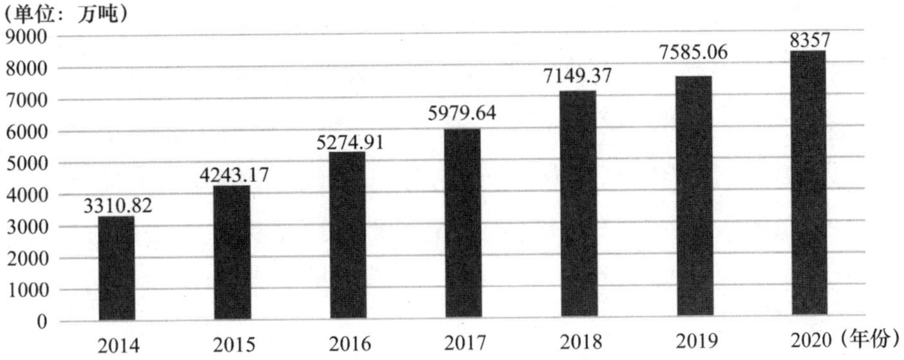

图4　俄罗斯对中国出口石油数据

数据来源：https：//ru－stat. com/.

在管道天然气领域，2014年5月，俄罗斯天然气工业股份公司与中国石油天然气集团有限公司签署为期30年、交易总额达4000亿美元的天然气购销合同。2019年12月2日，总长度为8000多公里的世界最长天然气管道——中俄东线天然气管道正式开通运营，俄罗斯开始通过管道向中国供气，输气量逐年增长，最终将达到每

① Анатолий Комраков. “Россия и Китай совершили торговое чудо：У Поднебесной товарооборот со всем миром падает，а с Россией － растет”. *Независимая Газета.* 9 марта 2020.

年380亿立方米，这分别相当于中国2018年天然气消费量的14%和进口量的28%。随着中俄东线天然气管道开通运营，俄罗斯终于在欧洲之外获得了庞大而稳定的天然气销售市场。这对于面临“页岩革命”巨大挑战、遭遇美国能源制裁的俄罗斯来说无疑是天大喜讯，无怪乎俄罗斯天然气工业股份公司称“这将有助于加强俄罗斯企业的市场地位并在总体上增加经济弹性”。[①]

此外，中俄东线天然气管道还覆盖俄罗斯其他产业领域，为其带来额外好处。例如，正在建设的阿穆尔天然气加工厂将用于处理通过管道输送的“原始气体混合物”，每年除生产380亿立方米甲烷标准气外，还可生产6000万立方米氦气、200万吨乙烷、100万吨丙烷和约50万吨丁烷。而俄罗斯西布尔公司建设的“阿穆尔天然气化学综合体”可将乙烷加工成乙烯和聚乙烯，并利用阿穆尔天然气加工厂的原料生产合成聚丙烯。[②] 这将进一步提升俄罗斯天然气工业的深加工能力并提高产品的附加值。目前，俄罗斯还在多方运作，游说中国同意修建年输气量可达500亿立方米的中俄蒙天然气管道。[③]

除管道天然气外，液化天然气也正在成为俄罗斯开拓中国能源市场的一个新工具。2018年7月19日，俄罗斯亚马尔项目向中国供应的首船液化天然气通过北极航道运抵南通港，开启了俄罗斯液化天然气打入中国市场的新纪元。根据签署的长期购销协议，在亚马尔项目第二条和第三条液化天然气生产线投产后，中国石油天然气集团有限公司将从2019年起每年自亚马尔项目进口300万吨液化天

---

① 《亚洲能源合作前景广阔 俄罗斯成为最大供应国》，http：//tsrus. cn/jingji/nengyuan/2019/12/19/668199.

② 同上。

③ Анна Подлинова.，《Газпром》 и Монголия создадут СП для проекта строительства газопровода в Китай. *Ведомость* 26 августа 2020. https：//www. vedomosti. ru/business/articles/2020/08/25/837742 – gazprom – mongoliya.

然气。而由于中美贸易战，中国宣布自2019年6月1日起对自美国进口的液化天然气加征25%的关税（2018年9月关税为10%）。由此，原计划出口中国的美国液化天然气不得不转口欧洲市场，这无疑大大减轻了俄罗斯争夺中国液化天然气市场的竞争压力。

第三，俄罗斯从中方获得了宝贵的能源融资，为渡过难关和实现战略性调整创造了必要条件。2003年以来，来自中国的投资、贷款、基金、预付款成为俄罗斯能源行业完成战略性任务、应对重大危机、建设关键性能源项目的重要资金来源。2003年，俄罗斯利用中国的60多亿美元贷款收购了“尤科斯公司”核心资产，助推了石油工业的重新国有化；2009年，中国向俄罗斯石油公司和俄罗斯石油管道运输公司提供了总额为250亿的贷款，帮助俄罗斯两大国企渡过了金融危机，并修建了西伯利亚—太平洋石油（ESPO）管道，完成了重大能源基础设施战略布局。

根据美国“中国全球投资跟踪系统（CGIT）”的数据，① 2014—2019年中国对俄罗斯能源行业投资额达到209.3亿美元。② 其中，中方参与亚马尔液化天然气项目为俄罗斯挺进国际液化天然气市场提供了强大助力。亚马尔液化天然气项目是全球纬度最高、规模最大的液化天然气项目。俄罗斯诺瓦泰克公司为该项目最大股东，持有50.1%股权，中国石油天然气集团有限公司、法国道达尔公司各持股20%，中国丝路基金持股9.9%。除了中方企业和金融机构投资入股外，诺瓦泰克公司总裁米赫尔松透露，亚马尔液化天然气项目获得了中资银行等值120亿美元的贷款，占全部贷款的60%。③

---

① 中国全球投资跟踪系统（CGIT）是由美国企业研究所推出的唯一涵盖中国全球投资和建设的综合性公共数据库。CGIT成立于2005年，目前包括超过3300宗涉及能源、交通、房地产和其他行业的大型交易。包括完整的清单，包括金额、中国母公司、东道国和行业。

② https：//www.aei.org/china-global-investment-tracker/.

③ 《来自北极的天然气：中国首船亚马尔LNG到港》，https：//www.sohu.com/a/242402793_825059.

2019 年 6 月 7 日，中国石油天然气集团有限公司董事长王宜林与诺瓦泰克股份公司米赫尔松在圣彼得堡签署《中国石油国际勘探开发有限公司与诺瓦泰克股份公司关于入股北极液化天然气—2 有限责任公司的购股协议》，中国石油国际勘探开发有限公司收购北极液化天然气—2 项目 10% 的股份。[①] 北极液化天然气—2 项目位于俄罗斯格丹半岛北部的萨尔马诺夫凝析气田，项目包括资源勘探开发、工程设计、液化天然气生产和销售以及模块建造等。该项目计划建设三条液化天然气生产线，每条生产线年产能为 660 万吨，预计在 2023—2025 年期间分三期建成投产。该项目的投产将使俄罗斯在国际液化天然气市场的地位进一步提升。2020 年 12 月，西布尔集团和中国石油化工集团公司创建阿穆尔州天然气化学综合体项目合资企业，双方分别持股 60% 和 40%，中方出资 2.477 亿美元。

第四，俄罗斯从中国获得相关能源技术，一定程度上克服了西方技术禁运带来的困难。俄罗斯油气行业在技术和设备方面的对外依存度较高。2014 年制裁开始前，俄罗斯 80%—100% 的油气开发软件、70% 的涡轮机和锅炉、50%—60% 的压缩机、20% 的管材、80% 的大陆架开发技术都依赖进口。[②] 由于美欧对俄能源行业实施先进技术和设备的出口禁令，俄罗斯面临暂缓部分油气开发项目或寻找进口替代的两难选择。虽然中国的油气勘探开发技术和装备水平整体上与西方最先进技术还有一定差距，但在物探、测井、油气装备制造、提高油田采收率等领域较俄具有一定优势。在亚马尔液化天然气项目建设过程中，包括中国石油天然气集团有限公司海洋工程公司和中国海洋石油工程股份有限公司在内的 7 家中国企业承担

① 《中国石油与诺瓦泰克股份公司签署合作协议》，http：//www. cnpc. com. cn/cnpc/tpxw/201907/ad21fe1ce3ec4a499cd1fefdbf3de1be. shtml.

② 毕明：《美对俄最新制裁分析及中俄油气合作机遇和挑战》，《国际石油经济》2018 年第 11 期。

制造了142个液化天然气模块中的120个；中国船舶工业集团旗下的广船国际公司、中国国际海运集装箱（集团）股份有限公司旗下的中集来福士公司参与了船舶建造；在运输承接方面，中远海运公司、招商轮船公司等也参与进来。[①]

国际能源产业链由资源、资金、技术、市场四大要素共同组成，中国在这四个方面都拥有足够优势。随着新能源革命特别是国际油气市场由“卖方市场”向“买方市场”转变，俄罗斯、沙特等传统油气生产与出口国在国际能源地缘政治中的地位相应下降，而中国庞大的能源消费市场正在成为重要的“结构性权力”，可以成为在对外能源合作中至关重要的议价工具和保障中国能源安全的重要手段。[②] 但我们从近年中俄能源合作的实践中看到的事实是，俄罗斯从中国获得了至关重要的资金、技术和市场，中国只获得了资源，而目前国际市场上的资源状况是供过于求。这表明，中国手中的能源“结构性权力”暂时还没有充分发挥其应有的效能。

四、中俄投资合作

自乌克兰危机以来，最大限度地吸引中国资金成为俄罗斯突破美欧制裁、缓解资金压力、保障国计民生甚至政治稳定的重要选择。2014年，在西方对俄实施制裁后不久，中俄两国设立投资合作委员会。该委员会是中俄总理定期会晤机制框架下，负责协调推进中俄投资合作的副总理级政府间合作机制。在委员会第一次会议上，中方主席张高丽指出，委员会旨在“营造更加规范便利的投资环境，

---

① 《来自北极的天然气：中国首船亚马尔LNG到港》，https：//www. sohu. com/a/242402793_825059.

② 冯玉军：《低油价时代的能源安全新思路》，《中国科学报》2020年4月2日。

挖掘潜力，优势互补，合作共赢，重点推动落实能源、高铁、通信、采矿、保障房建设、基础设施等领域的大项目合作，同时扩大金融领域的合作，更好地促进两国经济发展，使合作成果惠及两国人民”。[①] 俄方主席舒瓦洛夫强调：“加强俄中投资合作对扩大和深化两国全面务实合作至关重要，是双方合作的重要组成部分。俄方愿积极发挥俄中投资合作委员会的推动、指导、协调作用，为中方投资者开放更多投资领域，提供更有利的投资条件和更便利的金融服务，促进双方投资合作迈向新水平。”[②]

在中俄投资合作委员会框架中，中国国家发展和改革委员会和俄罗斯联邦经济发展部分别是双方的秘书长单位。2016 年 10 月 14 日，中国发展和改革委员会副主任宁吉喆与俄罗斯经济发展部副部长沃斯克列辛斯基共同主持中俄投资合作委员会秘书长视频会议。双方就中俄投资合作 66 个重点项目进展、建设项目管理网上平台、筹办中俄重点省州产能与投资合作论坛、举行中俄企业建材领域圆桌会、推动商签两国重点项目合作协议、促进中国东北与俄罗斯远东地方合作等双方共同关心的问题深入交换了意见，达成重要共识。[③] 由此可以看到，该委员会 2016 年就确定了投资合作领域的 66 个项目，而且在推动两国重点项目合作、地区合作方面发挥着重要作用。

根据 2019 年 9 月 17 日签署的《中俄总理第二十四次定期会晤联合公报》，中俄两国在投资领域的重点在于：“扩大两国投资合作，推动双方投资项目落地；加强两国经济发展各领域的战略、规划和政策协调，拓展投资合作的广度和深度；积极拓展在高新技术、数

① 《张高丽与俄第一副总理举行中俄投资合作委员会第一次会议》，http：//russia. ce. cn/cr2013/gdxw/201409/10/t20140910_3509644. shtml.

② 同上。

③ 《国家发展改革委：中俄双方召开中俄投资合作委员会秘书长会议》，《中国招标》2016 年第 42 期。

字经济等领域的投资合作；保护两国企业合法权益，营造良好的外部环境，推动更多重点项目落地；进一步明确区域间、产业间、产业链上下游间的协同开发方案，推进战略性大项目落地实施；推动企业间合资合作，推广海外合作园区、项目联合体、合资公司等多样合作模式；加强对双边合作基金的统筹引导。”① 2019 年 11 月 26 日，参加中俄投资合作委员会第六次会议的俄罗斯直接投资基金代表表示，中俄政府间投资合作委员会和中俄企业咨询委员会正在研究 70 个项目，总投资额将高达 1120 亿美元。在投资合作委员会的指导下，已有总值超过 100 亿美元的跨境合作项目落地。②

为了加强两国的投资合作，中俄双方建立了一系列合作基金。2012 年 6 月，中俄两国的主权财富基金中国投资有限公司与俄罗斯直接投资基金共同出资设立中俄投资基金。中俄投资基金是一家私募股权基金，从俄罗斯直接投资基金和中国投资公司获得 20 亿美元，由双方平均负担，并有望从国际机构投资者再募集 20 亿美元。中俄投资基金的项目侧重于促进两国之间的经济合作，其 70% 资本用于投资俄罗斯及独联体国家项目，30% 用于投资中国项目。③

2015 年 5 月，俄罗斯直接投资基金、中俄投资基金和黑龙江省政府三方签署了关于设立总额 20 亿美元专门投资基金实施中俄两国境内农业项目的协议。该基金将用于加强两国在农业、种植、农产品加工、办理海关手续、物流、食品销售等领域的合作。俄罗斯直接投资基金主席德米特里耶夫表示，俄方在新设的这一基金中所占份额较小，不拥有控股权，资金主要来自中国工业领域的投资者，

---

① 《中俄总理第二十四次定期会晤联合公报》，http：//www. xinhuanet. com/2019 - 09/18/c_1125007195. htm.

② 《俄罗斯直接投资基金表示，中俄政府间投资合作委员会和中俄企业咨询委员会正在研究 70 个项目，总投资额将高达 1120 亿美元》，http：//sputniknews. cn/economics/201911261030111889/.

③ https：//cn. investinrussia. com/about - rcif.

包括拥有农业领域丰富投资经验的投资人。当时，基金已开始对近10个项目进行调研，主要是现有运作公司的项目，也有数个新项目，包括发展远东地区农业项目。①

2016年4月，中国亚太粮食产业发展基金管理公司与俄罗斯远东和贝加尔地区发展基金签署中俄远东农业开发基金股东协议。根据协议，基金资本金最多为100亿美元，初始资本金为130亿卢布，中方出资90%，俄方出资10%，俄方在基金管理公司中持股比例为51%，总经理和董事会主席由俄方提议任命。基金至少提供开发项目10%的融资，项目发起人提供10%，其余80%为银行贷款，获得中方银行贷款年利率应不超过6%。俄罗斯远东发展部长加卢什卡表示，基金可以130亿卢布的初始资本金支持投资达1300亿卢布的项目。计划第一阶段实施20多个农业投资项目，以提高地区GDP和税收收入。②

2016年9月，中国深圳市创新投资集团与俄罗斯风险投资公司合作设立中俄产业投资基金的计划。基金首期规模设定为1亿美元，侧重于投资高端装备制造、能源化工、消费升级等俄罗斯产业优势较为突出、同时也是中国经济增长新驱动力的行业领域，通过中俄优势互补实现投资项目在两地差异化上市。③

2018年8月21日，首期100亿元、总规模1000亿元人民币的中俄地区合作发展投资基金管理有限责任公司成立，其核心任务是同俄方一道推进重大项目落地，将其打造成为中俄地区合作的重要平台。该基金由中国国家电力投资集团有限公司、中国核工业集团有限公司等牵头发起，实行政府引导、市场化运作，重点投资领域

---

① 《中俄设立20亿美元投资基金开发两国境内农业项目》，https：//www. russia - online. cn/News/000_6_27494. shtml.

② 《中俄签署远东农业开发基金股东协议》，https：//finance. huanqiu. com/article/9CaKrnJV589.

③ 《深创投设立中俄产业投资基金》，https：//m. huanqiu. com/article/9CaKrnJXGYu.

包括核能发电、清洁能源、民生、“一带一路”基础设施、农林牧副渔、高新技术及装备制造、包括金融在内的第三产业等为重点投资领域，并将重点投资于中俄两国政府战略重点合作项目、中俄两国市场化的优质项目、“一带一路”倡议的国家和地区合作项目等。[①]

2019 年 6 月 5 日，中国科学技术部部长王志刚和俄罗斯经济发展部部长奥列什金签署《关于推动设立中俄联合科技创新基金的谅解备忘录》。据此，双方将共同推动总规模为 10 亿美元的中俄联合科技创新基金，用于支持中俄重点经济领域以及交叉领域新技术发展，促进中俄联合科技解决方案与创新成果的转移转化与推广应用，重点支持科技型中小企业。[②]

2019 年 9 月 19 日，广东粤财投资控股有限公司与俄罗斯直接投资基金、中俄投资基金共同发起设立 10 亿美元的中俄大湾区基金。旨在充分发挥投资带动和引领作用，助推中国广东省及粤港澳大湾区与俄罗斯有关地区和重点企业双向投资合作，打造中俄地方合作“广东样板”。[③]

如果把上述基金能够募集的资金加在一起，总额可达 195.3 亿 ~324 亿美元。如此规模庞大的资金毫无疑问将对俄罗斯经济注入强劲动力。

由于数据来源和统计方式不同，中俄双方关于近年来中国对俄投资的数据存在较大差别。俄罗斯莫斯科斯科尔科沃管理学院的数据显示，2011—2017 年中国对俄投资额达 360 亿美元。该学院的中国方向负责人列梅加在第三届中俄创新投资论坛上表示：“根据俄联

---

① 《中俄地区合作发展投资基金确定未来投资重点》，https：//baijiahao. baidu. com/s? id = 1612133891998789051&wfr = spider&for = pc.

② 《中华人民共和国科学技术部与俄罗斯联邦经济发展部关于推动设立中俄联合科技创新基金的谅解备忘录》正式签署，http：//www. most. gov. cn/kjbgz/201906/t20190625_147300. htm.

③ 《中俄大湾区基金今设立》，https：//baijiahao. baidu. com/s? id = 1653340697736408497&wfr = spider&for = pc.

邦中央银行的官方统计数据，6 年多来，中国对俄投资额达 163 亿美元，但中央银行的统计数据没有考虑到经离岸区的投资。我们得到的数字几乎是中央银行数据的 2 倍：中国投资于现有俄罗斯项目的资金为 360 亿美元。62% 的中国投资投向能源和冶金业。大部分能源投资在石油和天然气领域，其中 19% 的投资在液化天然气领域。对高技术行业的中国投资额占 1. 5% 。"①

根据中国商务部公布的《中国对外投资发展报告》，2014—2019 年，中国对俄罗斯的年度直接投资分别为 6. 3 亿、29. 6 亿、12. 9 亿、15. 5 亿、7. 2 亿和 －3. 8 亿美元，投资存量分别为 86. 9 亿、140. 26 亿、129. 8 亿、138. 7 亿、142. 1 亿和 128. 0 亿美元（见图 5）。

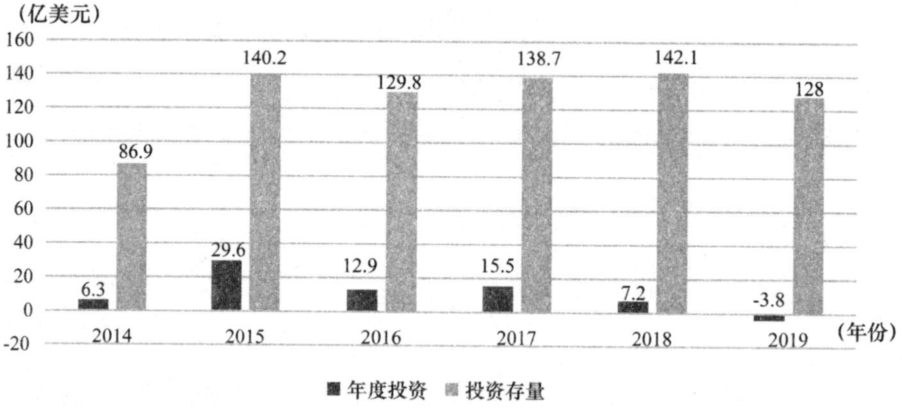

图 5　中国对俄罗斯投资数据

数据来源：中国商务部公布的相关年份《中国对外投资发展报告》，http：//fec. mofcom. gov. cn/article/tzhzcj/tzhz/.

根据俄罗斯中央银行数据，2014—2018 年俄罗斯对中国的投资分别为 0. 54 亿、0. 11 亿、0. 06 亿、0. 33 亿和 0. 247 亿美元，投资存量

① 《2011 ~ 2017 年中国对俄经济投资额达 360 亿美元》，https：//www. sohu. com/a/260058920_99893481.

分别为1.89亿、1.59亿、2.18亿、2.55亿和2.64亿美元（见图6）。

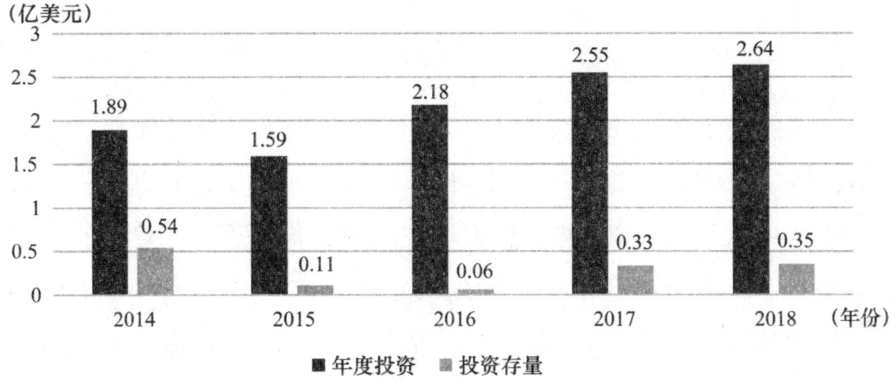

图6　俄罗斯对中国投资数据

数据来源：俄罗斯中央银行，https：//cbr. ru/vfs/statistics/credit_statistics/direct_investment/dir – inv_in_country_1. xlsx.

从这些数据可以看到，两国相互投资规模严重不对等，中俄两国的投资合作基本上是中国资金向俄罗斯的单向流动。（见图7）

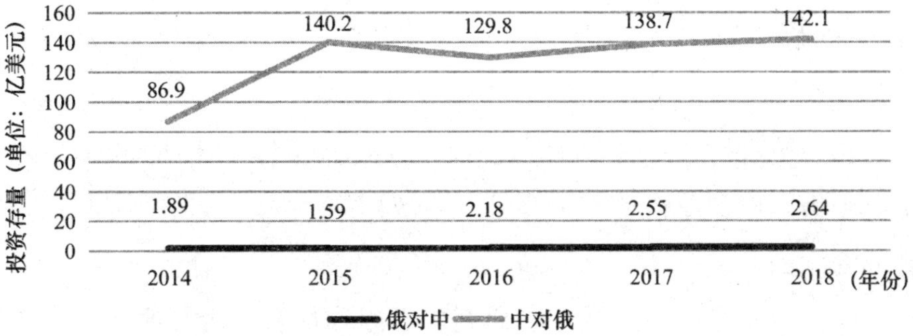

图7　中国与俄罗斯相互投资存量对比

数据来源：中国商务部公布的相关年份《中国对外投资发展报告》，http：//fec. mofcom. gov. cn/article/tzhzcj/tzhz/；俄罗斯中央银行，https：//cbr. ru/vfs/statistics/credit_statistics/direct_investment/dir – inv_in_country_1. xlsx.

五、中俄科技合作

在俄罗斯遭受西方制裁和中美贸易战背景下，科技合作在中俄两国经济关系中的地位进一步上升。中俄两国政府决定2020—2021年互办“中俄科技创新年”，扩大科技创新合作深度和广度。在中俄总理第二十四次定期会晤中，两国确定了未来科技创新合作的重点方向和领域：拓展在月球和深空探测、运载火箭、遥感技术和低轨卫星通信技术应用、电子元器件等领域大项目上的长期互利合作；继续深化在民用航空、汽车制造、制药、有色金属、石化化工、铁矿业、能源装备、船舶制造、海洋工程、机床、机器人技术和无线电电子等工业领域的务实合作，积极推动中俄联合研制远程宽体客机和重型直升机等重大合作项目；进一步提升信息通信技术、数字发展领域的合作水平；资助两国科研机构、高校、企业及创新机构在双方商定的科技优先发展领域的合作项目，特别是加强前沿性、原创性联合研究，包括加强双方在“大科学”装置方面的协调与合作。①

2019年11月，中国科学院院长白春礼介绍，在科技创新年框架下，中俄两国科学院系统将举办一系列主题活动，旨在加强双方科技界之间的联系，密切人才交流，推动务实项目合作，在相关领域建设一批高水平联合实验室、研究中心以形成长效合作平台。他说，中国科学院为“中俄科技创新年”也做了一些筹备，包括近代物理

① 《中俄总理第二十四次定期会晤联合公报》，https：//www.fmprc.gov.cn/web/gjhdq_676201/gj_676203/oz_678770/1206_679110/1207_679122/t1698717.shtml［2021-01-16］；《2011~2017年中国对俄经济投资额达360亿美元》，https：//www.sohu.com/a/260058920_99893481［2021-01-16］.

所作为中方牵头单位参与俄方重离子超导同步加速器项目；积极开展对俄科技人才交流，设立支持中俄科学家交流合作专项，培育一大批中俄科技合作项目。白春礼表示，中国科学院共申报5项准备纳入中俄科技创新年的院级活动，包括中国科学院与俄罗斯科学院已召开的前沿科学、三级神经科学、防灾减灾、空间光学等双边学术研讨会，另外还有研究所级的34项双边活动。计划通过高层互访、召开院级研讨会、设立联合机构和联合资助项目等方式进一步加强与俄罗斯科学院的联系。①

迄今为止，尚没有对既往中俄科技合作绩效的官方评估报告，关于双方各自投入及效果、对促进国家科技进步和社会经济发展所起作用缺乏系统和权威研究。因此，目前只能从一些公开且广受认可的国际研究报告对比中俄两国在教育、科技、创新领域的排名，以此来粗略估算两国的科技创新能力、科技教育水平，并通过一些个案解析来评估双方的合作成效。世界经济论坛每年发布的《全球竞争力报告》是评估世界主要国家国际竞争力的重要参照系。近年来的《全球竞争力报告》数据显示：俄罗斯综合竞争力仅处于中等水平，远远落后于美国、德国、瑞士等欧美强国和日本、新加坡等亚洲国家，与中国之间也存在较大差距。在2010—2017年全球竞争力指数的创新能力排名中，中国分别位列第21、23、23、30、40、49、45、44，而俄罗斯仅为第38、38、56、64、66、84、78、65，基本上与中国相差20位左右。在科研机构质量、公司研发投入、校厂联合研发、政府对先进科技产品的采购、科学家和工程师、每1万人申请专利数量等其他指标方面，俄罗斯与中国也存在较人差距（见图8）。②

① 《中科院院长：科技创新合作将是未来两年中俄两国科技合作的主线》，http://sputniknews.cn/russia_china_relations/201911081030011508/［2021-01-18］.

② WEF Global Competitiveness Report. 2010-2017.

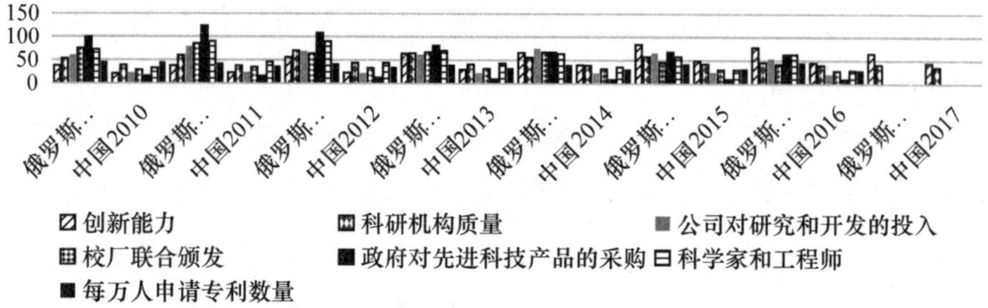

图 8　中俄全球竞争力指数排名对比：2010—2017 年

数据来源：Global Competitiveness Report. 2010 – 2017.

在 2018 年评估指标调整之后，俄罗斯几乎在所有项目上都与中国有不小的差距。如在产业聚落发展指标方面，2018 年和 2019 年中国分别位列第 29 和第 26 位，而俄罗斯位列第 95 位和第 101 位；在科学出版物方面，中国分别位列第 14 位和第 12 位，而俄罗斯两年都位列第 22 位；在专利申请方面，中国两年位列第 32 位，而俄罗斯分别是第 47 位和第 48 位；在科研机构质量方面，中国连续两年位列第 2 位，而俄罗斯分别是第 12 位和第 9 位（见图 9）。

在很多中国人的记忆和理解里，俄罗斯依然是世界一流的科技大国。但实际上，苏联解体之后，俄罗斯的科研水平急速下降，与昔日的科技大国已不可同日而语。在汤森路透发布的 2003—2013 年《全球最具影响力的科研精英》排行榜中，来自美国研究机构的科学家人数占据绝对优势，而来自俄罗斯的科学家总人数未能入围前 10 位。同时有资料显示，俄罗斯的科研著作数量和影响力也只是差强人意：2003—2012 年 10 年，俄罗斯发表的论文数量增长缓慢，从 2003 年的 2.5573 万篇到 2012 年的 2.6503 万篇，增长率只有 4%，而同期 Web of Science 数据库收录的论文总量增长了 50%。这意味着俄罗斯发表的论文数量在全球论文数量中的比重下降，由 3% 降至

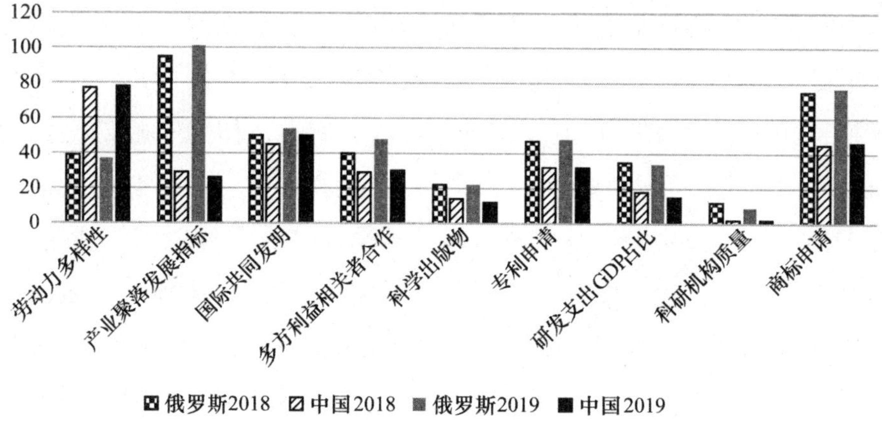

图9　中俄全球竞争力指数排名对比：2018—2019 年

数据来源：Global Competitiveness Report. 2018 - 2019.

2.1%。在这10年期间，俄罗斯论文的影响因子整体较低，只是在2012年有所上升，但仍比世界各国论文影响因子的平均水平低19%。

自然科学是俄罗斯的传统重点研究领域，2008—2012年俄罗斯在全球自然科学研究成果中所占的比重充分证明了这一点。这5年期间，俄罗斯在全球研究成果中所占比重最大的三个研究领域是：物理与天文（6.3%）、数学（4%）和化学（3.5%）。但在相对影响因子方面，俄罗斯得分最高的是临床医学（比世界平均水平低20%），紧随其后的是物理与天文、农业科学，但两者都比世界平均水平低31%。在这10年期间，俄罗斯的高频引用论文数量及发展趋势与其拥有的科研人员数量不成正比。在基本科学指标方面，2002—2011年，俄罗斯的高频引用论文在全球论文中占比最高的是物理，达到5.7%。但从全球范围来看，俄罗斯在物理领域的贡献已经沦落到了“二流”水平。①

在俄罗斯科技水平明显下降、中国科技水平迅速上升的宏观背景下，中俄科技合作的实际成效究竟如何？也许我们可以用一个公开报道的案例来加以验证。2019 年 9 月 17 日，作为科技部确定的“中俄科技创新年”活动之一，中俄（天津）科技创新合作洽谈会在天津举行。围绕中俄高新技术对接与合作，大会设置了智能制造、生物医药与大健康、海洋工程装备三大平行专场，现场发布俄罗斯先进技术项目近 200 项，最终签署技术转移、机构共建、投资开发、资源共享等战略性合作协议 20 余项。② 可以看到，在俄罗斯发布的 200 多项技术项目中，只有 20 多项达成合作意向，仅占发布总数的 1/15。这个比例是很低的。

如果我们对比一下中俄两国的研发投入，得到的印象可能就更加深刻。按购买力平价计算，2020 年中国研发投入达 5328 亿美元，而俄罗斯的研发投入只有 614.3 亿美元，相当于中国的 11.5%（见图 10）。③ 投入决定产出，根据联合国数据，2016—2018 年，俄罗斯高科技产品出口额分别只有 70.1 亿美元、99.2 亿美元和 101.8 亿美元，分别占相应年度出口总额的 10.12%、11.55% 和 10.96%。④ 而中国相应年度高科技产品出口分别达 5945.5 亿美元、7318.9 亿美元和 6541.8 亿美元，占到出口总额的 30% 以上。⑤ 如此悬殊的差距，基本上决定了中俄科技合作的性质、流向和水平。

---

① 许华：《俄罗斯软实力中的科技和教育因素》，《俄罗斯东欧中亚研究》2016 年第 3 期。

② 《中俄在津签下 20 余项科技创新合作协议》，https：//baijiahao. baidu. com/s? id = 1645154696480176176&wfr = spider&for = pc.

③ Top countries by R&D spending worldwide 2020. https：//www. statista. com/statistics/732247/worldwide – research – and – development – gross – expenditure – top – countries/.

④ Russia – High technology exports. https：//www. indexmundi. com/facts/russia/high – technology – exports.

⑤ China – High technology exports. https：//www. indexmundi. com/facts/china/high – technology – exports.

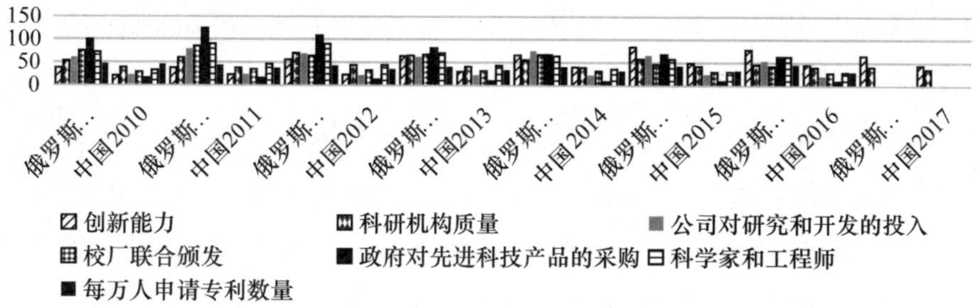

图 10　世界主要国家 2020 年研发投入对比

数据来源：https：//www.statista.com/statistics/732247/worldwide - research - and - development - gross - expenditure - top - countries/.

六、结语

冷战结束后，“互利双赢”一度成为国际社会的常用话语。但从近年来各国的对外政策实践看，“相对收益”的重要性日益凸显。换句话说，在国家关系中，只注重是否“双赢”已经不够，还要关注“双赢”的均衡性，也就是不同主体“赢多”“赢少”的问题。否则我们就很难理解，为什么原本是中美关系“压舱石”的经贸合作最终却变成两国关系紧张的燃爆点。中俄关系同样也存在“相对收益”的问题。在中俄关系发展过程中，中国得到什么、付出什么？俄罗斯付出什么、得到什么？中国面临来自美国的压力能否通过中俄合作来减轻或者化解？对这些重大问题应该进行精准细致的评估。

例如，在中美贸易战中，有人想当然地认为，作为对美反制措施，中国完全可以不从美国进口大豆，而把从俄罗斯进口大豆作为替代。在中国对美首批加税商品清单中，中方也确实将大豆列入其中并加大从俄进口大豆的力度。但事实上，俄罗斯的大豆生产根本无法满足中国的市场需求。2017 年，中国大豆消费量超过 1.1 亿吨，本国产量仅为 1500 万吨左右，进口量高达 9600 万吨，大豆消费的对外依存度高达 85% 左右。2017 年，中国从美国进口大豆 3285.4 万吨，占中国大豆进口总量的 34.39%。[①] 但反观俄罗斯，2017 年全年的大豆总产量仅为 360 万吨。尽管俄罗斯为了抢占中国市场而努力提高大豆产量，但 2019 年全年的大豆总产量也不过 450 万吨。俄罗斯出口中心总裁安德烈·斯列普尼奥夫称，俄罗斯拟将对华大豆供应增至每年 370 万吨。[②] 这与中国从美国进口的大豆数量相比明显是杯水车薪。虽然近年来俄罗斯农业逆势增长，但受产业结构、资金投入、科技水平、气候条件等多种因素所限，其农产品并不足以弥补中国的进口缺口。况且，其本身经济所存在的结构性问题也不是短时间内能够解决的。

在高科技领域，随着美国加快与中国技术“脱钩”，有人认为可以把俄罗斯作为中国高科技技术和产品的替代来源。但实际上，俄罗斯在世界科技强国中的地位日益下滑，难以给中国提供全方位的支撑。除个别领域和项目外，中国的科技水平已经整体性超越俄罗斯。因此，俄罗斯究竟在哪些高科技领域能够给中国的发展提供支持，是一个必须清晰解答的问题。例如，在投资 130 多亿美元的中俄大飞机合作领域，[③] 俄罗斯本身也没有成熟的民用双通道远程宽体客机技术。截至 2015 年年底，俄罗斯执行定期航班的航空公司中拥有宽体客机机队的仅剩 Aeroflot、Utair 和 S7 三家，而这三家公司所

① 《中美“贸易战”，为什么大豆最受关注?》，http://www.nbd.com.

② 《俄罗斯欲扩大对华农产品出口，美豆涨价难获青睐》，中国粮油信息网，http://www.chinagrain.cn/axfwnh/2019/11/18/m5251582514.shtml.

③ 《投资 130 亿！中俄联合研发大飞机进展突破，剑指全球万亿航空市场》，https://baijiahao.baidu.com/s?id=1653173419789388209&wfr=spider&for=pc.

拥有的宽体客机机型都是空客和波音。[①] 即使是俄罗斯曾寄予厚望、与波音公司一起研制的第一款按西方适航标准设计生产的苏霍伊超级100型单通道客机在投入市场以来也是事故频频，市场前景黯淡。在这种情况下，中方能在与俄罗斯的大飞机合作中获得什么收益不能不令人置疑。

在西方对俄制裁和中美贸易战的背景下，中俄两国在安全、经济、国际等领域的合作进一步深化。但同时要看到，中俄双方在关系深化过程中付出的成本和收益是不一样的。俄罗斯从中国获得了资金、技术、市场和从其他地方难以获得的战略支持，不仅在经济上相对轻松地渡过了西方制裁的难关，而且避免了国际环境整体恶化的风险，迎来了“西方不亮东方亮”的局面。而中国在经济方面所获有限，无论是能源还是农产品，目前都是买方市场，中国完全可以更灵活地从国际市场获得相关产品。

长期以来，有关中俄关系的研究和讨论中一直有“政治账”和“经济账”的说法。一种声音认为中国在发展对俄关系时不能只算“经济账”，更要算“政治账”。言外之意，是中国可以通过对俄的经济付出换取更多的政治回报。但如果我们认真总结中俄关系对中国国际环境的影响就可以发现，这是一厢情愿的想象：与俄罗斯关系的进一步提升并没有减轻来自美国的压力，甚至使美国产生了某种“移情”效应，一定程度上加剧了中美关系的紧张程度。在美国的战略视野里，中国已经取代俄罗斯成为最重要而危险的对手；由于俄罗斯在全球治理体系中的地位日益下降，甚至本身就对全球化持怀疑态度，因此俄罗斯在推进多边主义的实践中影响有限。中俄在《联合声明中》所倡导的共同维护多边主义的宣示更多地成为中

---

① 王依：《俄罗斯航空客运市场宽体客机运营现状与未来》，《科技创新导报》2015年第34期。

国的“独唱”，而诸多国际多边机制（包括联合国安理会和 WTO）由于核心成员国之间的分歧与矛盾呈现效率下降甚至可能被边缘化的风险。

近几年来，中俄两国在联合国的投票一致率达到 81% 以上，而拥有“特殊关系”的美国和英国的投票一致率为 75%。这在某种程度上表明，尽管中俄两国没有在军事领域内结成同盟关系，但在国际战略上两国的合作程度比西方、美英这种具有特殊关系的盟友更加紧密。但从绝对收益的层面讲，日益紧密的中俄国际战略协作是否像一些人设想的那样改善了各自的国际战略环境、缓解了来自美国的战略压力、使双方获得了更广阔的经济发展空间？国际秩序和全球治理体系确实如同中俄两国所期望的那样变得更合理、更顺畅？从相对收益层面而言，中俄两国在日益紧密的合作中各自付出了怎样的成本、获得了怎样的收益？各自的成本和收益之间，两国的成本收益比是否基本平衡？

毫无疑问，确保中俄关系稳定、健康、可持续的发展是中国对外战略的重要内容。在此过程中，要准确把握中俄关系的效益边界、把握成本和收益的关系。要将维护和拓展中国国家利益作为发展中俄关系的根本出发点，将运筹中俄关系服务于为中国的安全营造稳定的周边和国际环境，为中国的发展提供更多的经济和战略助力。

在发展中俄经济合作时，既要有积极的热情，也要有冷静的判断。需要看到，在经历苏联解体 30 年的转型后，俄罗斯经济仍未走上健康发展之路。首先，2009 年之后，俄罗斯经济增长乏力，已多年被甩出世界经济前十强之列。2019 年，俄罗斯 GDP 在世界经济中占比只有 1.94%。[①] 其次，俄罗斯经济仍未摆脱“资源依赖”的畸

① https：//data. worldbank. org/country/russian－federation.

形结构。2020 年，在俄罗斯出口商品结构中，矿产品占 51.19%、金属和金属制品占 10.37%、贵金属和宝石占 9.03%、食品和农产品占 8.80%、木材和纸浆及纸制品占 3.68%、化工产品占 7.11%，而机械设备和车辆只占 5.73%，[①] 俄罗斯在全球产业链中基本只扮演着“原材料供应者”的角色。而随着“页岩革命”和碳中和的到来，俄罗斯能源出口也遇到越来越多的挑战。再次，苏联解体后的“去工业化”进程仍然没有得到有效的控制，俄罗斯不仅未能赶上“第四次工业革命”的浪潮，甚至连苏联时期形成的工业体系也在加速衰败。[②] 最后，苏联解体后，俄罗斯并未充分融入全球化大潮，在全球产业分工体系中基本处于边缘位置。而随着克里米亚危机后遭受的西方制裁，俄罗斯在世界经济治理体系中的地位进一步下滑。鉴于以上实际情况，中国在发展对俄经济关系时，一定要考虑到现实的增长空间和可能的利益边界。

在推动中俄经济关系平衡发展方面，有以下思路值得考虑：

1. 全面、准确评估中俄的经济实力、科技水平、发展前景及其在世界经济格局、全球价值链、国际经济治理体系中的地位与作用，在世界经济发展的全局与大势下处理中俄经济关系，防止就中俄谈中俄，避免顾此失彼。

2. 理性、客观认识中俄经济的互补性，真正做到心中有数。

3. 切实发挥中俄总理定期合作委员会及其他中俄政府间经济合作机制在为两国企业提供合作制度安排和营商环境保障方面的作用，按照市场经济原则和 WTO 规则推进两国经济合作。

4. 将相对收益概念引入中俄经济合作范畴，既要考虑合作给双方带来的绝对收益，也要顾及两国之间相对收益的落差，以实现中

---

① Внешняя торговля России в 2020 году. https: //russian - trade. com/reports - and - reviews/2021 - 02/vneshnyaya - torgovlya - rossii - v - 2020 - godu/.

② 参见冯玉军：《经济危机与俄罗斯的发展道路》，《国外理论动态》2017 年第 2 期。

俄经济合作的平衡发展。

5. 在发展对俄经济合作时，切实把握俄罗斯的内外政经环境、民族心理特征、战略与企业文化、谈判策略与技巧，做到知己知彼。

历史的钟摆——苏联解体 30 年以来的国际政治变迁

赵华胜

【内容提要】2021 年是苏联解体 30 周年。30 年前的苏联解体改变了历史，使国际政治发生了颠覆性的变化，世界走向了全新的方向。有观点断言历史已经终结，似乎已为这场历史剧变的结局画上了句号。但在 30 年后的今天，所看到的景象却完全不同。历史的发展出乎意料，一系列因苏联解体而发生的重大国际政治变化都发生了转向乃至逆转。本文指出了其中的五个方面，即冷战回潮、两极结构再现、新东西方体系重构、自由主义衰落，以及大欧洲理想的破灭，并对这五大变化进行了探讨分析。

在世界历史上，任何世界性帝国的垮塌都不能不对整个历史的发展进程产生深刻和持久的影响，苏联的解体也是这样。苏联不仅是一个国家，它还是一个“帝国”，代表着一个覆盖欧亚大陆的国家集团、一个世界性军事联盟和经济联盟，一种世界性的意识形态和社会制度。因此，苏联解体不仅是指 1991 年 12 月 25 日这标志性的一天，也是指苏联“帝国”体系的解体，是以苏联为中心的世界性的政治体系、经济体系、军事联盟、意识形态体系的解体。

---

* 原文刊载于《俄罗斯东欧中亚研究》2021 年第 6 期。

在国际政治领域，苏联解体从根本上颠覆了世界体系和国际秩序，它导致了冷战结束，国际结构改变，单极霸权兴起，自由主义高涨，东西方大团结前景的出现。这一切在当时都激起了人们对世界未来的种种美好想象，相信世界将从此走上充满光明的坦途。

但是，在30年后的今天，当我们回首既往和对比现在，却不能不惊讶地发现，后冷战的历史没有沿着当初的方向直线前行，而是像钟摆一样，在有力地冲向高点后又向回摆动。诸多因苏联解体而出现的重大国际政治改变都没有延续；相反，它们都不同程度地发生逆转，甚至回到它的起点。在这其中，五个方面的变化尤为突出。

一、从冷战结束到新冷战开始

冷战结束是苏联解体最重大的结果之一。对何时为冷战终结之日有不同的看法，有人以1989年11月9日柏林墙的倒塌为标志，有人以1991年7月1日华约的解散为象征，但它的根本原因是苏联帝国的解体，柏林墙倒塌和华约解散自身也都是苏联帝国解体的一部分。

冷战结束解除了长达40多年的东西方政治、军事、意识形态、社会制度的对峙，东西方各国都普遍相信世界将进入没有对抗的后冷战时代，但现在所看到的现实却是冷战虽然结束，但新冷战又已经来临。也就是说，在苏联解体后的这30年里，大国关系走过的道路是从结束冷战到又开始新冷战。

新冷战是指现在的中美和俄美关系状态。对新冷战是否发生有不同看法，有观点认为没有也不会有新冷战，主要理由是现在已经是完全不同的时代，国际环境与冷战时期已不一样，不存在两个世界性国家联盟的对立，没有势均力敌的两个军事集团的对峙，不存在两个相互隔绝的经济市场，也没有共产主义和资本主义两种意识形态的竞争，现在人类面临着越来越严重的共同威胁，大国之间不仅有竞争性利益，而且也存在着共同利益，它们之间既有对立对抗，也有合作协调。

所有这些无疑都是事实。以这些为参照，现在发生的确实不是曾经发生过的那种冷战。不过，这种分析只说明了现在的大国关系不是什么，但却没说明它是什么。换句话说，如果说它不是新冷战，那它是什么？这是最重要的问题。

新冷战借用了冷战的名称，它着重指出的是大国关系的性质，而不是外在的形态。毫无疑问，时光不会倒流，与冷战时期同样时空场景和同样形态的冷战永远不可能再出现。但大国关系依然存在，并且仍会有传统的内容。从这个角度说，大国关系的性质可以重复。正是在这个意义上，新冷战的出现是可能的。关于何为冷战，也有一些学者对它做过探讨，并且存在不同的认识。一种看法认为冷战是国际政治冲突的一种特别形式，是可重复发生的；另有看法认为冷战是国际政治中一种独特现象，是独一无二和不可重复的。① 作者在这里使用的是前一种解释。新冷战是对当今大国关系性质的描述，这种描述是根据现今大国关系的实际情况，并不以与冷战的形态是否完全一致为参照。新冷战在形态上不是冷战的简单再现，不论在特征和表现形式上，它与冷战都有不同。但在性质上，它与美苏冷战一样“冷”，在某些方面甚至更“冷”。

美国已经把中俄定位于战略对手和挑战，这在美国官方文件和正式讲话中都有反复表达，无须赘述。美国对中俄实施战略遏制政策，这也是公开、确定、全面和系统性的。虽然中俄都希望与美国

① А. Куприянов, Холодная война – особый тип конфликта, 01. 07. 2021. https：// globalaffairs. ru/articles/holodnaya – vojna – tip – konflikta/.

建立合作关系，并且三国之间也会有合作的一面，但这不能改变美国对中俄的基本定位和政策，这种定位和政策奠定了新冷战的基础。

俄美新冷战的发生早于中美。如果回顾过去30年里历任美国总统时期的俄美关系，包括克林顿、小布什、奥巴马和特朗普时期（不包括俄罗斯独立后仅在位一年的老布什总统），可以看到一幅令人印象深刻的画面。那就是历任美国总统离开白宫时，俄美关系都比他们入主白宫时变得更差，无一例外。如果把整个30年俄美关系的变化用简单的线条表示，则它是一条持续向下和越跌越低的曲线。

如果要给俄美关系进入新冷战找一个标志的话，那应是2014年的乌克兰危机和克里米亚事件。[①] 在过去30年里，俄美关系议事日程中不断增加的是负面议题，而建设性议题寥寥无几，能够得到落实的就更少了。在这个过程中，俄美之间的矛盾、分歧、冲突、怀疑、不信任、敌意不断累积扩大。可以这样说，除了俄罗斯独立之初的短短一个时期，在其他的时间里俄美关系都是在对立对抗中度过的。这样一种关系除了称其为新冷战很难找到其他的合适称谓。

中美走向新冷战比俄美晚，但转折急，发展快，矛盾更尖锐，更有全面性，而且很可能也更具长期性和综合性。

中美关系一直存在严重问题和矛盾，并且间歇性地发生激烈冲突，但在特朗普时期之前，中美关系还处于基本正常的国家关系状态。两国关系的全面恶化和对立的转折点是在特朗普时期。在这个时期，中美关系原有的基础被完全解构，两国关系被置入了完全不同的环境和氛围中。密切的经济联系和巨大的贸易额原来是中美关系的推动力和稳定器，现在变成了矛盾的来源和刺激因素。美国在经济和技术上欲与中国“脱钩”，中国的政治制度成为美国攻击的目

① 尽管俄美关系冲突不断，但乌克兰危机是俄美关系的重大转折点，它彻底改变了俄罗斯对美国的想法。A. Lukin, “Have We Passed the Peak of Sino – Russian Rapprochement?” *The Washington Quarterly*, Volume 44, 2021 – Issue 3, p. 156.

标，美国制造出所谓香港和新疆的人权问题，在南海和台湾海峡对中国展开军事挑衅性活动，把新冠肺炎疫情的大流行归罪于中国，利用疫情展开对中国的攻击，组建针对中国的地区和国际联盟，等等。简单地说，美国对中国实施全面和公开的围攻，中国官方也常常把它形容为美国对中国的外交战、贸易战、科技战、舆论战，等等。因此，将其称之为新冷战并不为过。

由于美国同时与中国和俄罗斯进行新冷战，而中俄是密切的战略伙伴，因此新冷战有向更宏观方向发展的趋势，也就是形成以美国为一方，以中俄为另一方的新冷战。当然，这不同于冷战时期，中俄不是军事同盟，这也不是两个军事集团的对峙，而且军事对抗也不是它的主要内容，它更多表现在国际政治意义上。但美国与中俄之间的政治分野已是客观现实，美国对中俄实施双遏制政策，而中俄相互支持，联手抵御美国的战略压力。因此，从宏观层面看，在一定程度上，这不能不使人回想起东西方冷战。

未来，新冷战将更加强化还是将逐渐弱化？假使美国实施分离中俄的策略，中俄的战略合作将更加密切还是拉开距离？新冷战将是大国关系的长期状态还是仅仅是一个过渡形态？这些问题还存在着一定的不确定性。

不过，根据现今可见的各种因素，在可见的未来，大国之间的新冷战趋势更可能是加强而不是弱化，即使是美国调整双遏制政策，中俄的联盟将在相当长一段时期保持，新冷战也将是未来相当长时期大国关系的基本特征。

二、从两极解体到新两极出现

苏联解体后，持续了40多年的美苏两极结构随之消失。美苏是冷战时期的两个超级大国，苏联的消亡使美国成为世界上唯一的超级大国，它的国力令其他国家望尘莫及，两极结构变为单极结构，美国的单极霸权时代来临。在冷战后一段时间里，这种状态似乎将长期存在，难以动摇。但现在可以看到，历史的发展又转了一个弯，30 年后，虽然美国仍是综合国力最强的国家，但单极世界已越来越难以维持，而新的两极结构正在出现。

在新两极中出现了角色变换，美国的地位没有变化，而中国代替了苏联，形成了中美新两极。新两极与美苏两极相比有明显不同，它在国际政治中的规模要小，它的主体是两个国家，而不是两个政治军事集团，世界没有因此一分为二；它的影响也要小，不决定着整个世界政治。

对于现在的国际结构存在着不同看法，也不是所有人都认同两极结构。[①] 笔者的看法是：现今国际政治处于一个过渡时期，国际结构表现出很大的矛盾性，既存在着多极成分，也存在着两极成分，还存在着单极成分。在这个大格局中，多极化是基本框架，两极化快速上升，单极化趋于衰退。新两极与多极化存在复杂的关系，但不是对立和相互排除。新两极没有超出多极结构，而仍是在多极框架之下，笔者将其表述为突出于多极框架之中的两极结构。[②]

新两极结构的形成来自双重因素：一重因素是中国的迅速崛起；另一重因素是美国对中国崛起的遏制政策。

苏联解体的 20 世纪 90 年代，也是中国改革开放后经济开始起飞和高速增长的时期。在此后至今的 30 年里，中国从一个贫穷落后的国家一跃成为世界第二大强国，尽管在总体国力上还落后于美国，

---

① Alexey Gromyko，Illusions of a New Bipolarity，May 8，2020，https：//russiancouncil. ru/en/analytics – and – comments/analytics/illusions – of – a – new – bipolarity/.

② 笔者对多极与两极关系的观点可参见：赵华胜：《中俄美关系与国际结构：从多极到两极?》，《国际关系研究》2020 年第 4 期，第 1 – 21 页。

但与美国的距离已经如此接近，即使中国不以赶超美国为目标，但美国也已能感觉到背后追赶者的阵阵气息。

与苏联以军事力量与美国形成平衡不同，中国与美国平衡首先在于经济指标。在苏联解体之初的1992年，美国的国民生产总值为6.52万亿美元，约占世界经济总量25.6%，而中国只有4269亿美元，约占世界经济总量1.67%，中国经济总量不到美国的1/15，在世界上名列第十。而到2020年，美国国民生产总值增长3倍多，达20.94万亿美元，但在世界经济总量中的占比有所下降，为24.7%；同一时期，中国经济总量增长了34倍多，达到14.72万亿，已接近美国的70%，在世界经济总量中占到了约17%。[①] 自2005年以来，随着中国经济总量基数的扩大，中国经济增长的绝对数额也在大大增加，中国在世界经济总量的占比几乎每年都提高约1个百分点，从2005年的4.8%大幅提高到了现今的约17%。[②] 各种预测都认为，按照现今的趋势，在不久的将来，中国在经济总量上将超过美国，成为世界第一。

中国与美国国力的接近不仅是在经济指标上，而是表现在多方面，具有综合的特征。经济的发展为其他领域的发展提供了物质条件，中国能够在各领域进行大规模的投入，包括科技、制造、基础设施建设、对外投资、海外发展、国际援助、军事、教育、文化、医疗、环保、社会福利，等等，这产生了十分明显的结果，使中国的综合国力和能力快速提升。中国的崛起不仅是因为发展速度快，也是因为中国经济的巨大规模，速度加规模才可能产生巨大的效应，仅有速度和仅有规模都不足以成就世界强国的地位，而中国两者都具备。现在中国在以信息革命为代表的第四次工业革命中处于世界

---

① 笔者根据世界银行的数据整理。

② 中国、美国历年GDP数据比较，https：//www.kylc.com/stats/global/yearly_per_country/g_gdp/chn－usa.html.

的前列，在世界贸易中位居第一，中国在海外大规模投资和承接工程，中国的设计、制造、建设能力极其惊人，人民币作为国际储存货币和结算货币的地位在上升，中国的军事力量快速发展，所有这些都壮大了中国的综合国力，使美国感到中国是“唯一有潜在能力将其经济、外交、军事和技术力量结合起来”对美国发起持续挑战的竞争对手。①

中美国力对比变化是国家间不平衡发展的自然结果，它本身并不具有特别的政治属性，存在两个最强大国家并不意味着必然出现两极化。从物理上说，所谓两极必然是相斥的，这在国际政治上也是一样的。如果两个大国处于互不相干的状态，或者是友好相处的状态，这并不会形成两极化。只有竞争对立的关系才能把两大国变成两极关系。美国把中国作为战略对手和实施遏制政策，把竞争和对立性质加之于两国关系中，这是把中美关系变成新两极的又一关键因素。

从现在的情形看，新两极不仅将长期存在，而且在国际结构中的地位越来越突出。中美在世界上的超强地位将长期保持。中国仍保持着快于其他大国的发展势头，在综合国力上中国与美国的距离将会更近，而其他国家与中国的距离将会更远。美国在世界上的优势地位在下降，但只是相对的下降，而且主要是相对于中国。美国自身经济没有绝对衰退，它也在以正常速度发展，在可见的将来，美国仍将是综合实力最强的国家。中美两国的 GDP 总量将保持占世界经济总量的 40% 以上，而且趋势是继续提高，其他国家与中美的经济差距会继续拉大，中美两极化的物质基础越来越坚实。

美国对中国的战略遏制政策在美国国内已有很大程度的共识，

---

① Wang Jisi, “The Plot Against China? How Beijing Sees the New Washington Consensus”, *Foreign Affairs*, July/August, 2021, p. 48.

不管是共和党执政还是民主党执政，都不会改变这种政策。中国对美国对华政策的积极改变也不再抱有幻想，在涉及中国根本利益的问题上将会坚决反击，这意味着中美关系将经常地处于矛盾、冲突、斗争中。虽然也会有缓和与合作，在经过一段时间的适应和磨合后，未来双边关系也可能进入相对稳定和有序的状态，但战略竞争将是两国关系长期的基本特征。有看法认为，中美的这一竞争可能比冷战更持久、更广阔、更激烈。① 这意味着造成新两极结构的主观因素也将持续存在和强化。

可以预料，未来新两极对世界格局的塑造作用将越来越突出，对国际政治的影响越来越显著，也越来越多地成为看待当今世界的重要视角。在一定意义上，这意味着国际结构又回到了苏联解体前。

三、从东西方体系的消失到新东西方体系的再现

在苏联解体后，冷战时期的东西方两个体系随之消失。确切地说，是东方体系的消失，而西方体系不仅依然存在，而且在以胜利者的姿态发展壮大。许多原东方体系国家纷纷转向西方，接受西方的价值观，采取西方的政治制度，进入西方主导的国际机制和组织。换句话说，是西方体系吞并了东方体系，西方体系在一定意义上成为世界体系。由于东西方体系不复存在，冷战时期的东西方对立也不再存在。

但现在看到的是，苏联解体所带来的这一变化也出现逆转，在

---

① Wang Jisi, "The Plot Against China? How Beijing Sees the New Washington Consensus", *Foreign Affairs*, July/August, 2021, p. 48.

旧的东西方体系解体和东西方对立消失的30年后，新的东西方体系又出现在地平线上。

新东西方体系不是一个严谨的概念，它还不是严格意义上的东西方体系，对于这一观点自然也会有比较大的争议。如同新冷战和新两极一样，新东西方不是冷战时期东西方体系的简单重复，而且它在性质和形式上与冷战时期的东西方体系的差别更为明显。笔者曾将其称为“软体系”，意为已具有体系的特征但尚不完整和成熟，或也可称之为“准体系”。[①] 在现阶段，新东西方体系在国际政治中已经开始存在于人们的政治意识中，它主要是由政治认同所形成的分割，它的状态和结构还是半隐形和松散的，在新的东方和西方之间尚无泾渭分明的界线，它们不是两个政治和军事集团之间的对峙，它们之间也不是绝对和全面的对立，在一些方面和一些领域它们可能是伙伴和合作者。尽管如此，根据一系列可见的客观事实，可以清楚地看到世界正在重新被分隔，两个具有世界性意义的政治半球的轮廓越来越明显，虽然它还没有完全成型和定型。

新东方体系出现的首要原因是美国和西方有意识的制造。可以观察到，冷战结束后，以美国和西方的战略目标是把东方溶解到西方体系之中，它对中国和俄罗斯实施“拉”的政策，即努力把中俄拉入西方体系中，当然，中俄需接受西方的价值理念和主导地位。因此，在后冷战时期的初中期，美国对中国和俄罗斯的政策都以“接触”为主。但现实表明中国和俄罗斯不会按西方的模式被改造、不会放弃自己的独立地位、也不可能接受美国的单极霸权。在此之后，美国的战略思想发生改变，中俄被定位为美国的战略竞争者和

① 赵华胜：《印太战略和大欧亚：认知和应对》，《俄罗斯东欧中亚研究》，2019年第2期。

挑战，美国对中俄转而实施战略遏制的政策。但美国不是把中俄作为两个孤立的对象，而是把中俄视为一体，同时美国也不是独自应对中俄，而是欲与欧洲和其他一些国家重建类似冷战时对抗东方的西方联盟，这样一来，就形成了美欧为反对中俄而结成的阵营，新的东西方体系就被重新制造出来了。

与冷战时东西方体系的分界是社会主义世界和资本主义世界不同，新东西方的分界是政治文化上的西方世界和非西方世界。在这个意义上，新东西方体系可以说是西方—非西方体系。构成新西方体系的基础是属于西方政治文化圈的国家，这差不多是旧西方体系的原班人马，而新东方体系的构成则与冷战时期有很大变化，这是一个新的国家系列，它们各自的国内政治制度和宗教文化可能很不相同，但它们有一个共同特征，那就是非西方国家。

新东西方体系具有鲜明的意识形态色彩，其程度并不比冷战时期的东西方体系轻，只是其内涵有所不同。它不再是共产主义与资本主义的对立，西方把它定义为自由民主价值观与集权主义和集权制度的对立。新西方体系代表着自由民主价值观和制度，新东方体系则体现着集权主义和集权制度。因此，自由民主成了美国针对中俄的大旗，它推动构建的针对中俄的联盟被称为“民主联盟”，它推动召开的非西方国家首脑会议被称为“民主峰会”，它主张的国际秩序主张被称为自由主义国际秩序。可见，美国把意识形态放在了最高位置，把它作为与中俄的根本分歧所在。

不过，虽然价值观的分歧是新东西方体系的重要矛盾，但有理由相信，它在更大程度上是美国动员西方世界结成针对中俄的统一战线的工具，是证实自身行为合法性的理论来源，也是遮盖它的更重要的地缘政治和战略目标的遮饰。这个更重要的战略和地缘政治目标就是维护美国的单极霸权，维护美国在世界体系和国际秩序中的主导地位。

新东西方体系在经济上没有明显的分界，世界经济联系已是如此错综交织，尤其是中国与美欧日在经济上都是最重要的伙伴，不可能再形成类似冷战时期的相互封闭的平行市场；但是，由政治动机推动的某种程度的分离趋势也在发展。特朗普执政时提出与中国在经济和技术上“脱钩”，① 美国鼓动欧洲等国与其一起与阻止中国技术进入其市场，抵制中国的“一带一路”倡议，对中俄实施经济制裁，推动排他性的区域经济一体化机制，这在一定程度上也在把世界经济分裂与新东西方体系相一致的两个体系，尽管它还不是深度的。

这种分离趋势在安全领域更为明显。一方面，北大西洋公约组织正在向着“北大西洋—印度洋—太平洋”的方向发展，英德法等主要北约国家以及日本的军舰包括航空母舰开始进入印度洋和中国南海，它们之间网格化和协调性的军事合作关系正在形成。与此同时，美日印澳四边机制的军事合作在加深，一条从北冰洋、波罗的海、黑海、印度洋到南海和东海的“防疫线”隐约出现。这既是对中国战略安全的挑战，也是对俄罗斯战略安全的威胁。另一方面，在外部战略压力下，中俄军事安全合作也越来越密切，战略性在增强，合作领域在扩大，合作范围也越来越广，两国在战略安全上已经形成了稳定的相互支持结构。不管有无主观意愿，国际安全领域的这种趋势是在走向新的两大阵线对立。

最新的国际政治和安全的发展也在加强这种趋势，2021 年 9 月，美英澳宣布成立新的军事联盟，新军事同盟以印太地区为目标，实际也就是以中国以及俄罗斯为目标，它有可能形成“亚洲版北约”

① 事实证明完全脱钩是不可能的，拜登政府对特朗普政府的脱钩政策也可能进行调整。Katherine Tai，New Approach to the U. S. – China Trade Relationship，October 04，2021. https：//china. usembassy – china. org. cn/ambassador – katherine – tai – outlining – the – biden – harris – administrations – new – approach – to – the – u – s – china – trade – relationship/.

的基础。[①] 与此同时，上海合作组织启动了接受伊朗为正式成员的程序，而在美国从阿富汗撤出后，美国扶持的阿富汗政府迅速垮台，阿富汗有很大的可能将向中俄靠近。这样，在地缘政治意义上，以上海合作组织为纽带和框架，中国、俄罗斯、中亚、南亚、西亚真正连成了一个完整的地区组合。它不是反西方的组合，但毫无疑问是“非西方”的组合。

不能不指出“印太战略”在新东西方体系中的特殊作用，它是新西方体系最重要的综合性机制载体。“印太战略”虽是以区域命名的战略，但在一定意义上，它是美国的大战略，假使美国有欧洲战略、非洲战略、拉美战略的话，它都不会有“印太战略”这样全局性的战略意义。“印太战略”以当今世界政治和经济最活跃的地区为活动区域，它针对的是美国最主要的战略对手中国和俄罗斯，它吸引了美国几乎所有的盟友加入，特别是把欧盟和北约也拉了进来，这些因素使“印太战略”具有了全球性。

“印太战略”几乎在一切方面都带有新西方体系的特点。它的成员美印日澳都是政治上的西方国家，[②] 它在意识形态上宣称代表着自由主义国际秩序，它在区域经济一体化上排斥中国，它在安全上在向着以四方框架（Quad）为基础的针对中俄的安全机制方向发展，并自然将与新成立的美英澳军事联盟（AUKUS）形成呼应。还可以看到的是，即使是在地理特征上，“印太战略”也与新东方体系相吻合。不管是新东西方体系还是“印太战略”，它们都以欧亚大陆国家

① 俄罗斯安全会议秘书帕特鲁舍夫认为，AUKUS是亚洲版北约的胚胎，它不仅针对中国，而且也针对俄罗斯。A. D. Muraviev, How Russia will likely respond to AUKUS, September 25, 2021. https://asiatimes. com/2021/09/how－russia－will－likely－respond－to－aukus/.

② 拜登将Quad首脑会议也称为“民主伙伴团体的会议”，Remarks by President Biden, Prime Minister Morrison, Prime Minister Modi, and Prime Minister Suga at Quad Leaders Summit, September 24, 2021. https://www. whitehouse. gov/briefing－room/speeches－remarks/2021/09/24/remarks－by－president－biden－prime－minister－morrison－prime－minister－modi－and－prime－minister－suga－at－quad－leaders－summit/.

和海洋国家为基本的地理分界线，中俄是最大的欧亚大陆国家，而新西方体系和“印太战略”国家多是海洋国家，虽然这不是传统的陆权和海权体系竞争的再现，但它们之间的这种地理特征差别是客观存在的。更重要的是，这种差别的意义不仅是地理上的，它也会产生重要的战略和安全意义。①

四、自由主义：从高涨到退潮

苏联解体后，自由主义进入了也许是它历史上最辉煌的时期。在思想和价值体系上，自由主义受到广泛的推崇，散发出迷人的吸引力；在国家发展模式上，自由主义的政治模式成为众多国家效仿的对象；在国际关系上，输出自由民主模式具有了自证的政治正确，突破了传统的国际规则的约束。简单地说，在西方看来，历史到此终结，在自由主义之后，再没有更高的人类理想；在民主政治制度外，再没有更好的国家模式。

但现在来看，在全世界范围内，自由主义不论在理论上还是在实践上都遭遇了重大挫折。自由主义依然存在，并且将继续长久存在，它作为一种思想体系和政治模式仍将在世界上占据重要地位，但它现在无疑是从涨潮转入了退潮。它的思想吸引力下降，它的政治模式不再是普遍效仿的对象。在哲学意义上，它的绝对性受到质疑，它的唯一性地位受到挑战，它的终极性性质已被否定。

自由主义退潮最根本的原因源于它自身。它表现在国家发展和治理上出现了极大的问题，国内贫富分化，政治分裂，社会问题堆

---

① 有观点认为，美英澳联盟结为军事联盟，反映了美国在战略思想上认识到无法在大陆上压倒中俄，因而把控制海洋作为战略重心。见 Андрей Кортунов, Зарница далекой грозы. Что означает для России новый союз США, Австралии и Британии, 24 сентября 2021.

积，自我制度更新能力缺失，陷入找不到有效解决办法的困境。而中国等非西方国家却迅速崛起，在经济发展和社会治理的一些方面显示出更高的效率。这提供了一种对比，自由主义发展模式的优越性受到挑战，它不再能自称是最好和唯一正确的。2020年新冠肺炎疫情暴发后，拥有最好医疗资源的美国在应对疫情上表现不佳，死亡人数居各国之首，西方治理模式的弱点被特别显露出来，虽然也有一些西方国家做得较好。

与此同时，西方向西方世界之外输出自由主义价值观和政治制度遭受了几乎是全面的失败。在苏联解体后，美国和西方以冷战胜利者的姿态开始向全世界强力输出自由主义，对非西方国家进行自由主义改造。推动美国和西方的因素不仅有把自由主义作为世界福音的救世主义思想，也有失去制衡的美国霸权的随意任性，还有出于地缘政治或经济利益的私利。

自由主义模式的输出主要有两种方式：一种是“颜色革命”；一种是直接使用武力和战争。但不论是什么方式，都没有给对象国带来真正的民主和自由，也没有带来经济和社会的明显发展。相反，它造成了国家动荡和社会混乱。而以武力进行的自由主义改造更是带来了灾难性的后果，美国的军事干预使阿富汗、伊拉克、叙利亚、利比亚陷于战乱，国家经济崩溃，多少年的建设成果毁于一旦，无数平民死伤，大量民众流离失所，沦为难民，难民也成为西方国家面临的严重问题。

阿富汗战争是自由主义输出失败的最新例子。2021年8月，美国仓促从阿富汗撤军，塔利班重新夺取政权，美国20年的阿富汗战争以彻底失败结束。美国的失败不仅是战争的失败，它更是美国输出自由主义的失败。可以相信，美国在发动阿富汗战争时，并没有一项进行一场长期战争的计划，阿富汗战争最初美国主要是报复和惩罚性质的。也因如此，它当时得到了国际社会的广泛理解和支持。

但在打垮“基地”组织和推翻塔利班政权后，美国战争的目标开始悄悄发生改变，地缘政治目的进入美国的追求。与此同时，美国从报复“基地”组织和塔利班转向对阿富汗进行民主改造，试图建立和维持一个符合自由主义价值观、采用西方式政体的阿富汗国家，这是阿富汗战争拖延20年的主要原因。

从历史进步主义的眼光看，自由主义有其重要的价值，尤其是与极端化的宗教思想和政治相比。包括中俄在内的许多非西方国家也赞成民主和自由，虽然它们的解释有所不同。但问题在于，以武力输出民主本身就违背了民主的思想，它已经不是民主。把自己的思想和模式强加于他国不能不激起他国人民的反抗；而且，任何制度模式都需有相适应的思想文化准备，需与当地的历史文化传统达成某种平衡，这才可能开花结果。把种子撒在不合适的土壤上不可能结出所希望的果实。现代性与传统的关系经常是一对矛盾，保持动态平衡是向前发展的最可行方式。对于自由主义的扩张来说，美国阿富汗战争的失败是一个标志性事件，它标志着自由主义救世思想的历史性失败，使包括西方在内的人们认识到自由主义不是全世界都欢迎的价值观，也不是可以随意移植的制度。也许，这不一定是美国霸权结束的标志，但它对美国和西方在全世界推行自由主义的历史实验做出了悲观的结论。

对自由主义的沉重打击还来自美国的霸权行为和表现。苏联解体之后，美国作为唯一超级大国失去了任何制衡，它有了随意行事而不受制约和惩罚的可能。但美国没有对自己进行理性的约束，而是走向了单边主义，不顾及其他国家的利益，不考虑国际法的制约，随意干涉他国内政，退出国际机制，实施制裁政策，频繁对他国发动战争和使用武力。特别是以虚假的证据对伊拉克发动战争，美国说谎的镜头展现在全世界面前，不仅使美国的道德可信度一落千丈，也使自由主义的光环黯然失色。

现在，连“历史终结论”的作者也不得不重新修正他的观点，自由主义不是一切，历史没有在此终结，它在继续发展，在一定意义上，它是一个新的开始。

五、从大欧洲希望的出现到欧洲的再分裂

俄罗斯与欧洲联合为大欧洲是一个久远的话题，还在苏联时期，大欧洲的思想就已经提出。戴高乐曾提出建立从大西洋到乌拉尔的大欧洲，戈尔巴乔夫也提出过“共同欧洲家园”的构想，但只是到了苏联解体、冷战结束、两大集团对峙消失之后，大欧洲蓝图才第一次出现了现实的可能。

在苏联解体后的一段时期，俄欧确实曾经走在相互接近的方向上，双方也对实现大欧洲抱有极大的热情和期望。在政治关系上，1994 年俄罗斯与欧盟签署了为期 10 年的《伙伴关系与合作协定》，俄罗斯－欧盟建立起首脑会晤机制，自 1998 年起，俄罗斯－欧盟首脑每年会晤两次。2003 年，俄罗斯－欧盟圣彼得堡首脑会议提出了建立从里斯本到符拉迪沃斯托克的四个统一空间的计划，即统一经济空间，统一自由、安全和司法空间，统一外部安全空间和统一科教文化空间。2010 年俄罗斯－欧盟又启动了现代化伙伴关系。在安全关系上，1996 年俄罗斯与北约签署了《双边军事合作计划》，1997 年俄罗斯与北约建立了俄罗斯－北约常设联合理事会，2002 年又决定成立更具有实质性的北约－俄罗斯理事会，取代了以联络功能为主的北约－俄罗斯常设联合理事会。

但现在的现实是俄罗斯还是俄罗斯，欧洲还是欧洲，俄欧比邻而居，但难以成为一家人。不仅如此，俄罗斯与欧洲的关系现在是冷战结束以来最差的，双方的隔阂甚至比苏联后期更深。大欧洲图

景已经黯淡，变得越来越模糊，欧洲与俄罗斯不是在走近，而是越来越远。大欧洲的话题已经不在俄欧关系的议事日程上，四个共同空间也不再被提起，双边关系的主题不是合作，而是相互的不满。在政治关系上，俄欧关系饱受连续不断的各种事件和危机的冲击。在安全关系上，双方已经发展到在东欧、波罗的海和黑海的军事对峙。双方的经济关系也出现下滑，欧盟虽仍是俄罗斯最大贸易伙伴，但由于制裁和疫情的原因，欧盟在俄罗斯外贸中的比重已从以前的超过50%降低到现在的40%以下，2020年为37%。[①]

可以确定地说，在苏联解体30年后，曾经看似已经很近的大欧洲希望在现阶段彻底破灭。这不是因为俄罗斯或是欧洲反对，事实上，俄罗斯和欧洲都是大欧洲思想的支持者。特别是俄罗斯，自彼得大帝以来，融入欧洲就成为俄罗斯的感情和历史情结，尽管遭遇过多次挫折，但俄罗斯从未放弃过，每当希望出现时它就还会再次重来。西方主义作为一种思想在俄罗斯有着深厚的基础，今后它仍将长久存在。对许多俄罗斯人来说，欧洲是俄罗斯的精神家园，而亚洲从来不是也不可能是，这是由俄罗斯的文化基因决定的，也是不可改变的，[②] 虽然这不表明在国家关系上俄罗斯与欧洲的关系会比与亚洲的关系更好。

---

① Vladislav Belov, Russia – Europe: Nothing New on the Western Economic Front? March 22, 2021. https://russiancouncil.ru/en/analytics-and-comments/analytics/russia-europe-nothing-new-on-the-western-economic-front/.

② 虽然俄欧关系紧张，但俄罗斯对欧洲文化的认同没有改变。俄罗斯外长拉夫罗夫在2019年12月的一篇文章中强调，“从地理、历史、经济、文化上说，俄罗斯过去、现在和未来都是欧洲不可分割的一部分。”普京在2021年6月的一篇文章也再次表示，俄罗斯的文化和历史与欧洲不可分割。Статья Министра иностранных дел Российской Федерации С. В. Лаврова《Соседи по Европе》. Россия – ЕС: тридцать лет отношений》для《Российской газеты》, 18 декабря 2019 года, 18-12-2019; Путин. В,《Быть открытыми, несмотря на прошлое》, 22 июня 2021 года, http://www.kremlin.ru/events/president/news/65899. https://www.mid.ru/ru/foreign_policy/news/-/asset_publisher/cKNonkJE02Bw/content/id/3960550.

2014年乌克兰危机后，欧洲认为俄罗斯把克里米亚并入其领土是以武力改变国家边界，颠覆了冷战后欧洲的国际秩序。[①] 欧盟单方面冻结了与俄罗斯经济和政治合作的主要机制，包括双边峰会和欧盟成员国与俄罗斯政府间磋商，并对俄罗斯金融和工业实体实施严厉制裁；同时，北约－俄罗斯理事会也停止了活动，俄欧关系陷入冷战结束后最严重的危机。在这一背景下，俄罗斯"转向东方"，继而又提出大欧亚伙伴关系。[②]"转向东方"表明俄罗斯对东方重视程度的增强，但不意味着放弃欧洲。俄罗斯转向东方既不是离开欧洲，也无以亚洲代替欧洲之意，它只是加强向东方的发展，使欧洲和亚洲方向更为平衡，在经济、技术、投资、能源市场上更为多元化。[③] 大欧亚与大欧洲不是矛盾和相斥的概念。对它们的关系可以有两种理解：一种理解是大欧亚与大欧洲是并行的概念，它们适用于俄罗斯外交的两个方向，大欧洲适用于欧洲方向，大欧亚适用于欧亚方向。大欧亚与大欧洲是两个不同的部分，它们之间可以形成连接。另一种理解是大欧亚是对大欧洲概念的扩展和升级，大欧亚概念包含有欧洲，在概念上它大于大欧洲。事实上，俄罗斯官方的大欧亚概念从一开始就包含有这种思想。[④] 大欧亚概念比大欧洲更能体现俄

---

① D. Trenin, Merkel's Legacy, as Seen from Russia, October 1, 2021, https://carnegiemoscow.org/commentary/85475.

② 在2016年6月圣彼得堡经济论坛上，普京首次提出大欧亚伙伴关系概念。在2016年国情咨文中，普京再次提出了这一概念。参见 Владимир Путин выступил на пленарном заседании Петербургского международного экономического форума. 17 Июня 2016 года, http://www.kremlin.ru/events/president/news/52178; Послание Президента Федеральному Собранию. 1 Декабря 2016 года, http://www.kremlin.ru/events/president/news/53379.

③ 关于俄罗斯转向东方问题，笔者在《评俄罗斯转向东方》一文中已有探讨，参见《俄罗斯东欧中亚研究》2016年第4期。

④ 拉夫罗夫曾多次解释说，大欧亚伙伴关系可以包括欧亚经济联盟、上海合作组织、东盟和欧盟。参见：Выступление и ответы на вопросы Министра иностранных дел России С. В. Лаврова в Международном фонде им. Свами Вивекананды, Нью－Дели, 11 декабря 2017 года, 11－12－2017. http://www.mid.ru/ru/foreign_policy/news/-/asset_publisher/cKNonkJE02Bw/content/id/2984577 Сергей Лавров о Большой Европе и Большой Евразии, 2020－02－12https://www.gea.site/2020/02/1822/.

罗斯的自主性和主体性，在外交上它是对大欧洲的修正和平衡。但不管是哪种理解，大欧亚都不否定大欧洲的思想，它的问题只在于俄罗斯与欧洲的携手是否可能，相信如果出现俄欧联合的历史机会，不管是大欧亚与大欧洲的连接或是把欧洲拉入大欧亚，俄罗斯都会张开欢迎的双臂。

大欧洲的构想之所以难以实现，俄欧关系的恶化及其性质的变化是直接原因。在经历了北约东扩、科索沃战争、俄格战争、乌克兰危机以及其他接连不断的各种问题之后，俄欧关系恶化的程度已是如此之深，建立大欧洲的基础已经不复存在。除此之外，俄欧之间还有一个重大难题，那就是大欧洲应以什么形式和俄欧应以什么身份构建大欧洲。虽然在抽象的概念上双方都赞成大欧洲的思想，但在实际层面它们对此的理解有着原则性的差别，它们所想象的大欧洲也是不同的图景。

从俄罗斯来说，它理解的大欧洲的构建形式是俄欧共同创建出一种共同体；而从欧洲来说，它的大欧洲构想是以俄罗斯接受欧洲的政治框架、安全框架和价值体系为路径。这等于是欧洲主导的政治和安全机制向俄罗斯的扩张，俄罗斯应被纳入欧洲主导的框架。双方对身份的理解也同样差异明显。在俄罗斯看来，它在大欧洲中是独立的角色，与欧洲是对等和平等的身份，而欧洲并不接受俄罗斯的平等地位。欧盟和北约是集体身份，而俄罗斯是一个国家，俄罗斯与欧盟和北约的平等身份意味着它对欧盟和北约将有否决性的权力，这是欧盟和北约不会接受的。俄罗斯也愿意以欧亚经济联盟作为与欧盟的同等伙伴，以集体安全条约组织作为与北约的同等伙伴，但欧盟和北约对此并不认可。由此，欧洲的大欧洲构想对俄罗斯来说在形式上是不对等的，在身份上是不平等的。而俄罗斯不会放弃在大欧洲中的独立和平等的地位，不会接受作为欧洲的附庸融入欧洲，俄欧的这一矛盾使大欧洲在实践上存在难以克服的先天缺陷。

当然，不能说大欧洲的理想已死，它依然存在，并且在未来某个时刻可能会再次涌来。但对当前的欧洲来说，大欧洲已失去现实前景，这是苏联解体 30 年后国际政治的又一大倒退。

第三编
时政评论篇

俄罗斯在“后苏联空间”处境尴尬

冯玉军

在很多人的印象中，苏联解体虽然使俄罗斯丧失了超级大国地位，但它仍是“后苏联空间”的霸主，对原苏联国家的政治生活和地区安全走向拥有决定性的影响。但实际上，在苏联解体近30年后，波罗的海国家已“加盟”“入约”，格鲁吉亚、乌克兰与俄罗斯已反目成仇，阿塞拜疆同土耳其的关系更加牢靠，中亚国家也正积极推行“多元化外交”。

近来，白俄罗斯危机、纳卡战火重燃以及吉尔吉斯斯坦内乱更让俄罗斯左右为难、进退失据，凸显出其在“后苏联空间”的尴尬处境。

尴尬之一是俄罗斯对“原苏联国家”国内政治进程难以置喙的无力感。尽管在此次白俄危机中俄罗斯最终选择了支持卢卡申科，但俄罗斯希望看到的是卢卡申科淡出政坛，以使其能在白俄罗斯建立一种“权力和影响力在亲俄团体和个人之间进行分配或重新分配”的政治体制。然而，卢卡申科竭尽所能迫使俄罗斯放弃白俄罗斯权力更替的想法，并证明自己不可替代。更为重要的是，俄罗斯在白俄罗斯缺乏全方位的社会政治影响。尽管俄罗斯军方和情报部门与白俄罗斯同行保持密切关系，但俄罗斯并未积极广泛地做白俄罗斯精英的工作，联系范围仅局限于卢卡申科及其身边的人。俄罗斯与白俄罗斯反对派、活跃的年轻人以及整个白俄罗斯社会缺乏合作。尽管俄罗斯已意识到做好这项细致工作的极端重要性，但俄罗斯官方支持的政治技术专家和非政府组织作用有限，情报部门的介入则可能会使所有努力功亏一篑。更为重要的是，在持续近三个月的抗议浪潮中，白俄罗斯人的坚韧和毅力令人印象深刻，真正的白俄罗斯国家意识正在形成，而这将成为未来俄罗斯在“后苏联空间”遇到的最大挑战。

尴尬之二是在处理复杂地缘政治关系中的纠结感。俄罗斯在新一轮纳卡冲突中面临的局势是战略伙伴阿塞拜疆攻击自己的盟国亚美尼亚。亚美尼亚是俄罗斯在南高加索地区重要的战略支柱，与俄罗斯有着密切的传统和现实联系。而俄罗斯与阿塞拜疆关系复杂，既是战略伙伴也是竞争对手。在纳卡冲突中，俄罗斯如力挺亚美尼亚，则可能让阿塞拜疆渐行渐远，甚至最终成为新的敌人；但如果不对亚美尼亚全力支持，则会引发盟友的不满并导致俄罗斯主导的安全与经济联盟的整体性松动。在多重压力之下，俄罗斯最终不得不选择了平衡立场：为尽快结束流血冲突做出努力，但避免直接介入军事行动。

尴尬之三是俄罗斯作为盟主在承担义务和获取收益之间的落差感。普京执政以来，着力推进“后苏联空间”的重新一体化，集体安全条约组织和欧亚经济联盟是其最重要的两根支柱。然而，“盟主”不仅意味着权力，也意味着责任。因此，多年来俄罗斯一直以提供能源补贴、安全保障等形式换取一体化成员国的“忠诚”。但实际上，集安组织和欧亚经济联盟任何成员国的全方位外交政策都不可避免地使其与俄罗斯的盟国关系受到侵蚀。而在自身实力不济和地缘政治议程日益复杂的背景下，俄罗斯对由其主导的同盟体系的价值也产生了质疑。莫斯科卡内基中心主任特列宁近来批评“亚美尼亚精英认为俄罗斯的保护是无条件的，亚美尼亚则对此不负担任何义务”，直言“俄罗斯没有愿与其并肩作战和共生死的盟友”，强调“盟国关系应基于自愿和对等原则”。在经济领域，特列宁也认为“俄罗斯的经济一体化伙伴创造不出一个大市场，也不是宝贵资源的来源。与他们的合作是有益的，但不应像帝国时期，尤其是苏联时期那样出资资助，而应是互惠互利的”。他强调“莫斯科需要学会利用现有的条件，并在尊重盟友和合作伙伴主权的同时，要求对等及遵守某些规则，作为俄罗斯提供保护、支持和援助的回报”。

尴尬之四是地区中等强国强势介入“后苏联空间”的危机感。曾几何时，俄罗斯把美国、欧盟甚至中国与原苏联国家发展关系视为对其在“后苏联空间”主导地位的致命威胁，但纳卡地区战火重燃却表明，土耳其这样与俄罗斯有着复杂历史纠葛和现实利益冲突的国家才是其难缠的巨大挑战。尽管俄土两国的整体国力对比是俄强土弱，但土耳其对俄罗斯而言也具有不少“非对称优势”，历史上曾持续300年的俄土争斗正在以新的面貌重现：在民族宗教问题上，土耳其历来对鞑靼斯坦和克里米亚鞑靼人有着强烈影响。现实中，土耳其倡导的“突厥语国家联盟”在南高加索和中亚有不少拥趸；在地缘政治问题上，正是在土耳其的全面支持下，阿塞拜疆才有决心迫使亚美尼亚接受阿方的和平条件。由于这场战争，土耳其在南高加索地区的存在和对巴库的影响已具有全新的性质；在能源安全问题上，由于供应结构的变化特别是东地中海和黑海巨型天然气田的发现，土耳其今年已基本停止从俄罗斯进口天然气，未来不仅有可能实现“能源独立”，甚至有可能对俄罗斯向欧洲的天然气出口形成挑战。也正是由于对俄土冲突升级的担忧，俄罗斯才没有选择在纳卡问题上与土耳其公开对立，反而是以柔软身段邀请土耳其加入调解纳卡冲突的欧安组织“明斯克小组”。

未来，俄罗斯在“后苏联空间”面临的窘境，不仅将对其欧亚一体化政策产生诸多掣肘，也将影响其整体对外政策。

俄罗斯加紧布局氢能发展

冯玉军

随着各国应对气候变化措施的陆续出台，特别是中、日、韩和欧洲多国提出到21世纪中叶实现碳中和的目标，氢——未来的绿色燃料，正在受到各国政府和企业的追捧。2021年以来，全球宣布了总额超过1500亿美元的绿氢项目。欧洲氢能组织预测，全球氢工业到2050年的年营业额将达7000亿美元。俄罗斯财政部估算，届时全球氢能年消费量将达1.5亿－1.6亿吨。

为应对脱碳带来的能源转型，各大油气出口国都陆续制定了发展氢能生产和出口的政策。以能源产业作为经济命脉和财政收入主要来源的俄罗斯，也加紧布局氢能产业发展，试图以此应对能源转型带来的多重挑战，避免重蹈忽视“页岩革命”的覆辙，抓住新一轮能源产业变革的先机，力争在油气市场不景气的情况下，捍卫其全球主要能源出口国的地位。

2020年6月，俄罗斯联邦政府正式发布《2035年能源战略》，提出将氢能作为“资源创新型发展”的重点方向，提出氢能出口2024年达20万吨、2035年达200万吨的目标。7月，俄罗斯能源部出台《氢能行业发展规划》，提出俄罗斯将主要利用天然气中的主要成分甲烷制氢的基本思路。天然气制氢成本低廉，Energy Net预测，2020－2025年俄罗斯能以具有竞争力的价格（3.38美元/公斤）生产氢，并在全球氢能市场占据 10% －15% 的份额。俄罗斯能源部副部长索罗金表示，不久的将来，俄罗斯制氢成本可降至 1.5 －2 美元，仅相当于通过可再生能源电解水而制取绿氢成本的 1/4 甚至 1/5。

2020 年 9 月，俄罗斯能源部公布《2020 －2024 年俄罗斯氢能发展路线图》草案，计划到 2024 年建成由传统能源企业主导的氢能全产业链。在制造领域，重点倾向以天然气为原料制备的蓝氢和通过核电水解得到的黄氢，而非绿氢。除俄罗斯天然气工业股份公司（下称俄气公司）外，俄罗斯原子能集团和诺瓦泰克公司也将启动制氢项目；在应用环节，俄气公司将从 2021 年开始建造并测试以天然气制氢为动力的涡轮机，2024 年开始生产氢气并研究氢气作为燃料的不同应用。俄罗斯原子能集团将负责氢动力载人火车试点项目，最早将于 2024 年开始进行测试；在运输环节，俄罗斯计划采用天然气管网掺氢、改造现有天然气管道等方式建立氢气管网。尤其是要借助“北溪 －2 号”天然气管道对欧洲输氢，以提高管道的盈利能力。俄气公司估算，通过该管道输氢，最高可达其设计输气量的 70%；在出口环节，欧洲一直是俄罗斯最重要的能源出口市场，欧盟能源转型使俄罗斯对氢能的兴趣增加。俄气公司预计，2050 年欧洲氢能市场约为 1540 亿欧元。俄罗斯出口中心德国代表处主任尤里·斯捷岑科指出，欧洲终将实现向氢能的过渡，俄罗斯越早参与氢能发展进程，就越有可能从中获得经济回报。近中期看，俄罗斯氢能出口的主要方向仍为欧洲国家。12 月 1 日，俄罗斯副总理亚历山大·诺瓦克示，俄德两国正研究在氢能领域合作的各种方式、建立氢能伙伴关系，德国计划为跨国合作的氢能项目拨款 20 亿欧元。德俄商会 2020 年 7 月初提交至两国相关部门的提案显示，希望利用两国在油气行业多年合作的成功经验，在氢能开发等气候友好型技术方面开展密切合作，初步计划共同投建一座制氢工厂；在科研方面，俄罗斯已经依托托木斯克理工大学建立起全国第一家制氢技术开发联合体，以开发从气体的生产到其使用的“氢能全技术链”。

尽管在氢能发展方面展现了积极的姿态，但一系列复杂因素仍将制约俄罗斯氢能产业的长远发展。首先，氢能发展的动力和激励措施不足。俄罗斯发展氢能的真正动力来自其贸易国的征税——即对进口自俄罗斯的油气、煤炭和金属征收高碳税，而俄罗斯至今尚未出台到2050年的减排计划，政府没有动力向氢能领域提供大规模支持。在商业层面，俄罗斯国内对氢的需求很低，氢气生产在俄罗斯国内缺乏足够的市场规模。其次，由于受到西方的经济金融制裁，而自身融资能力有限，因而俄罗斯缺乏向氢能产业进行大规模投资的现实可能。再次，氢气生产和运输技术面临一系列瓶颈。如俄罗斯计划通过天然气管网掺氢、改造现有天然气管道以建立氢气管网等方式把氢气出口到欧洲。但氢气对金属的腐蚀作用对于天然气管网掺氢构成挑战，管道掺氢输送的具体方案还有待研究。最后，俄罗斯绿氢产能有限，未必能充分满足欧洲国家的“零碳”要求。俄罗斯制氢倾向于以天然气为原料制备的蓝氢和通过核电水解得到的黄氢，绿氢产能有限。而包括德国在内的欧洲国家氢能战略目标是完全改用绿氢，这意味着必须通过电解水、风光发电和生物质燃烧获得，俄罗斯产蓝氢和黄氢在未来并不能够满足能源伙伴的环保要求，未来俄罗斯对欧洲氢能出口可能面临严密的环保壁垒。

总之，俄罗斯充分感受到了国际能源变革对其带来的多重挑战，正加紧布局氢能发展。但受多重因素，其氢能发展的勃勃雄心最终能否成为现实，还需要时间加以验证。

社会契约与俄罗斯的政治秩序

冯玉军

普京执政20年来，俄罗斯的政治体系基本上依靠当局与民众的某种社会契约得以运行。在这种社会契约下，“普通民众不参与国家事务，以换取精英们为他们提供基本的人身安全和社会保障、民族自豪感，以及保证不对自己的事务进行过多干涉。”在经济增长的时候，这种做法很有效，大多数人专注于自己的日常需求，普遍满足于国家提供的基本服务。但是，随着新冠肺炎疫情、油价下跌、结构失衡、西方制裁等因素给俄罗斯经济带来沉重打击，经济停滞甚至衰退使俄罗斯政府越来越难以履行向民众做出的基本社会承诺。相对平稳地运行了20年的俄罗斯社会契约正遭遇挑战，并将对政治秩序构成相应冲击。

2000年以来，俄经济平均增速低于原苏联11个共和国。2008年金融危机以来，俄罗斯经济增速始终低于世界经济平均增速。在新冠肺炎疫情和油价下跌冲击下，2020年俄罗斯经济衰退幅度可能接近4%，工业产值、投资、出口、消费，预计将分别下降4.1%（其中采掘业降幅达11.5%）、6.6%、22.5%和4.2%。2020年的全年赤字预计相当于GDP的4.4%，通胀率达到4.7%。在此情况下，2020年俄罗斯国内生产总值GDP已倒退到2008年水平，居民生活水平退回到十年前的水平。居民实际可支配收入下降3%，失业率达到 5.7%，贫困率达到 13.3%，贫困人口超过 2000 万人。2018 年普京复任总统后曾以“五月指令”确定了俄罗斯在社会、经济、教育和科学等领域的 2024 年前国家发展目标和战略任务。但受经济衰退制约，普京在 2020 年 7 月 21 日不得不下令，将部分国家发展目标的落实期限推迟到 2030 年。

除此之外，俄罗斯的防疫效果差强人意。截至 2021 年 1 月 15 日，俄罗斯新冠肺炎累计确诊患者 3495816 人（仅少于美国、印度和巴西），死亡达 63940 人。

可以说，疫情放大了俄罗斯经济长期停滞和衰退的负面影响。而持续恶化的经济形势等因素又导致了民众不满上升。民调显示，俄罗斯民众中 50% 的人感受到贫困，71% 的人认为社会不公，88% 的人认为最大威胁来自国内。76%、61% 和 57% 的人视贫富悬殊、官民矛盾和劳资矛盾为主要社会问题。可以看到，在社会不平等现象日益严重的背景下，俄罗斯民众的挫折感和不满情绪不断增加。尽管有防疫隔离要求，但 2020 年俄民众的抗议示威活动仍此起彼伏，社会风险保持高位。

面对日益复杂的内外环境和社会契约的加速松动，普京试图通过调整政治体制、进一步夯实权力基础等方式延续执政周期，巩固威权统治，应对政治风险、维护政治秩序。

2020 年 1 月 15 日，普京在发表国情咨文时提出了一系列宪法改革提议，包括 400 多项内容。7 月 1 日，俄罗斯宪法修改案经全民投票得以通过，其核心是在取消了对总统任期的限制的同时，也一定程度上削弱了总统的权力、加大了国会及法院的职权。这一方面为普京在 2024 年之后继续执政铺平了道路，另一方面又弱化了“超级总统制”，使普京之后的俄罗斯总统不可能大权独揽，从而实现各权力机构之间的相对平衡。

1 月 15 日，在发表国情咨文后几个小时，普京总统出人意料地解散了梅德韦杰夫政府，并提名联邦税务局局长米哈伊尔·米舒斯京为新一届政府总理。此次政府改组的核心目的：一是要借此弱化民众因经济发展停滞、民生日益艰难对当局产生的不满；二是要进一步减少政府的政治影响力，强化其技术行政属性。随着 2024 年权力交接周期的临近，由“强总统”逐渐向以技术型官员为主体的权力平衡模式转变可能将成为俄罗斯权力架构调整的思路。

2020 年 10 月 14 日，俄罗斯总统普京向国家杜马提交了关于国务委员会的法案。11 月 2 日，俄罗斯联邦委员会（议会上院）通过了《俄罗斯联邦国务委员会法》。该法案明确规定，俄罗斯联邦国务委员会为国家常设机构，由总统直接领导。俄罗斯联邦国务委员会将参与制定俄罗斯内政外交政策，讨论政府预算草案及人事政策，并可以决议形式要求修改立法，但无权提出立法提案。根据普京的初衷，该委员会将始终发挥咨询机构的职能，未来对议会上下两院的工作提供更加实际的帮助，但不能取而代之。

11 月 17 日，俄罗斯国家杜马一读通过了有关赋予卸任总统及其家人司法豁免权的法律草案。俄罗斯联邦委员会宪法及法制建设委员会主席克利沙斯表示，草案规定了俄前任总统将获得任期外的豁免权。俄罗斯专家认为，这表明“当局正在认真准备应对各种情况：普京突然生病，丧失工作能力；普京的人气急剧下降；普京在很长一段时间内保留总统身份。这项立法的通过，并不意味着普京会很快离开。相反，这只是为他的总统任期可能延长到 2036 年增加了一个安全网”。

可以说，在社会政治风险上升之际，俄罗斯当局上述政治操作的根源在于：“克里姆林宫必须为维护普京的继续统治做好准备。但与此同时，它还应能够处理对普京长期统治的不满，以及可能是出人意料的激烈和广泛的抗议。”

普京缘何悲观看待国际局势

冯玉军

2021 年 1 月 27 日，俄罗斯总统普京在达沃斯世界经济论坛上表示，在新冠肺炎疫情和经济不平等加剧的情况下，“局势可能会以不可预测的方式、不受控制地发展”，世界有可能卷入“所有人反对所有人”的冲突。他把当下形势与 20 世纪 30 年代相提并论，称当时也正是由于未能解决国际问题而引发了第二次世界大战。

俄罗斯领导人如此悲观地看待国际局势，与复杂的国际大变局和俄罗斯特有的世界观相关，但更直接的原因是俄罗斯所面临的国际环境日趋严峻。

俄美关系方面，美国 2020 年出台多轮对俄新制裁，涉及面广、打击力度大，特别是对“北溪—2 号”天然气管道项目的制裁对俄绕过乌克兰对欧直接输气的战略设想构成挑战；美国关闭除驻莫斯科大使馆之外的所有在俄领馆，双方地方、人文交流几近隔绝；拜登在美国总统大选期间直指“俄罗斯是美国最大的敌人”，俄罗斯国内对拜登上台后的俄美关系走势基本上是一片哀鸿；临近年底，美国遭受大规模网袭，美国安全机构称“明显是俄罗斯所为”，不排除借此对俄施加更严厉制裁。尽管俄美双方就延续《新削减战略武器条约》达成协议，但在拜登与普京的首轮热线对话中，美方还是在诸多问题上表达了对俄的不满，施加了巨大压力。

俄欧关系方面，由于俄罗斯反对派领袖纳瓦尔内中毒事件，德俄2020年关系急转直下，德国对俄态度迅速转冷。而俄罗斯外长拉夫罗夫也前所未有地批评德国成了欧洲反俄政策的“急先锋”。2020年12月17日，欧盟正式实施此前欧盟峰会做出的延长对俄经济制裁6个月至2021年7月31日的决定。在对欧关系好转无望的背景下，拉夫罗夫哀叹“俄欧关系处境复杂”，并表示“俄现在考虑的不是如何同欧盟各机构打交道，而是想弄明白，是否还值得与欧盟合作”。2021年年初欧盟外长博雷利的莫斯科之行不仅无功而返，甚至让欧俄关系进一步雪上加霜。

尽管欧盟对俄政策与美国并不完全一致，但毫无疑问，俄欧双方在欧洲安全、价值观和对原苏联地区国家政策方面存在重大分歧，而欧美却仍是安全与价值观盟友。在拜登赢得美国总统大选之际，欧美双方正试图重塑跨大西洋同盟关系，以更加协调的立场应对俄罗斯带来的挑战。2020年12月10日至11日的欧盟峰会强调，希望与美国新政府结成新的联盟，在贸易政策、抗击疫情、气候保护、多边主义和维护和平五个优先事项加强合作，建议与美国在应对俄罗斯等问题上采取共同路线。北约在2020年12月1日发布“北约2030”改革报告，称俄罗斯未来十年仍将是北约的主要对手，必须更认真加以应对。尽管北约内部近年来就防务开支分担等问题存在分歧，但美国及其北约盟国自2014年6月就提出了以应对俄罗斯对欧洲安全挑战作为中心任务的“欧洲威慑倡议”，并且持续推进。

冷酷的现实使俄罗斯战略家们逐渐认识到，“美国与欧盟的政策分歧不会消失，其对俄立场一致性将大幅上升。短期内，欧盟将对俄发起更多制裁，进一步减少对俄技术转让，作为俄欧关系历史支柱的能源联系将因此遭受重创”。

在俄罗斯与西方关系依然惨淡之际，2020年的白俄罗斯危机、纳卡战火以及吉尔吉斯斯坦内乱也让俄罗斯左右为难，凸显出其在

"后苏联空间"的尴尬处境。一是俄罗斯对"原苏联国家"国内政治进程难以置喙的无力感，俄罗斯在原苏联国家越来越缺乏全方位的社会政治影响；二是在处理复杂地缘政治关系中的纠结感，这在阿塞拜疆与亚美尼亚的纳卡军事冲突中表现得尤为明显；三是作为盟主在承担义务和获取收益之间的落差感，俄罗斯抱怨在向盟友提供多方位支持的同时并未获得他们应有的忠诚；四是地区中等强国强势介入"后苏联空间"的危机感，土耳其在南高加索事务、土俄能源关系甚至俄罗斯内政问题上对俄形成了多重挑战。

在与西方关系难有起色之际，近年来俄罗斯继续强化东方外交，特别是加强对华关系。中俄政治交往未因疫情受阻，反而更加热络；双方在应对疫情方面开展了多层次合作；尽管受到疫情及油价下跌等因素冲击，但 2020 年双边经贸额仍突破 1000 亿美元；双方在全球及地区多边机制中的合作也持续推进。可以说，对华关系已成为俄罗斯外交全局中最坚实的支柱，是漫天阴霾中的难得亮色。

但同时要看到，俄罗斯战略界对华态度高度复杂。一部分人对俄对华依赖日益上升感到担忧，明确表示乐观"中美虎斗"。2021 年 1 月 29 日，俄联邦安全会议集中讨论在远东地区保障国家安全问题，个中缘由耐人寻味。莫斯科卡内基中心主任特列宁慨叹，"若拜登政府决定降低对华敌意，务实的中国人或再度暗中遵守美对俄发起的制裁，以维护其在美依然可观的利益。加之俄日历史性和解进程陷入僵局，俄战略伙伴印度因与中国对抗而日益接近美国，海湾国家仍高度依赖美国。俄正面临自与西方对抗以来最为不利的地缘政治环境"。

美国的同盟体系正加紧重塑和再造

冯玉军

特朗普执政四年所推行的“美国第一”政策使美国的同盟体系一度遭受冲击，各路盟友同美国的距离不同程度地有所疏远。拜登上台后，重视同盟体系在维护美国全球地位、巩固西方价值观以及遏制战略对手方面的作用，加紧重塑、再造同盟体系。

2021 年 2 月 20 日，拜登在慕尼黑安全会议上高调宣布“美国回来了”，强调美欧伙伴关系是应对 21 世纪全球挑战的基石，称美国决心与欧洲接触磋商、重建信任并遵守北约的集体防御条款；在七国集团峰会上，他承诺重返多边主义，在共同议程上与世界主要民主国家和市场经济体进行接触；3 月 12 日，美日印澳“四国安全对话”举行首次元首峰会，拜登政府正进一步夯实“印太战略”以使其常态化和机制化；美日、美韩“2 + 2”会谈 3 月中旬相继举行，日本首相菅义伟 4 月将出访美国，美国与日韩在新条件下的政策协调正加紧推进。

同盟体系的重塑和再造是美国及其盟友相互让步而达成妥协的结果。从美国方面而言，拜登政府改变了特朗普当局唯我独尊、盛气凌人的霸道做法，重新顾及盟友的现实利益与心理感受；从盟友方面来说，对美国的领导地位给予支撑是避免国际权力真空、维护其自身利益的现实选择。因此我们可以看到，尽管美国和德国在

“北溪－2号”问题上多有抵牾，但美国并未制裁参与管道建设和运营的德国企业。而德国政府也表示不会允许俄罗斯借此条管道对乌克兰构成威胁，承诺采用“熔断机制”，一旦俄罗斯试图通过减少天然气供应来要挟乌克兰，德方就会中止从“北溪－2号”管道进口俄罗斯天然气；美韩因特朗普政府要求韩方提供50亿美元而僵持了两年多的驻韩美军军费谈判近日最终尘埃落定，双方签署六年期协议。尽管分担费用上涨较高，但韩国认为这是有意义的增加，美方则强调美韩同盟对印太地区的和平稳定有着非凡作用。2021年3月5日，欧盟与美国达成协议，暂停相互征收因波音和空客长达16年的飞机制裁纠纷而实施的部分惩罚性关税，双方在钢、铝行业实施的惩罚性关税未来也可能取消。

同盟体系的重塑和再造是美国与其盟友之间共同的战略利益与价值观所决定的。尽管特朗普的特立独行之举一度放大了与盟友之间在行为方式和特定议题上的分歧，但不可否认，它们在维护以西方为核心的国际秩序和自由主义价值观、防范和遏制不同类型行为体的“颠覆性冲击”方面仍有着巨大的共同利益。2020年12月的欧盟峰会重申希望与美国新政府结成新的联盟，在贸易政策、抗击疫情、气候保护、多边主义和维护和平五个优先事项加强合作，并建议与美国在应对俄罗斯等问题上采取共同路线。尽管“四国安全对话”声明只字未提中国，有意淡化“反华色彩”，但四国在峰会上重点讨论的合作领域包括一向被视为中方挑战的新冠肺炎病毒疫苗、以规则为基础的海洋秩序、关键和新兴科技合作等议题，透露出制衡中国的强烈意味。澳大利亚总理莫里森声称，“这将成为本地区的历史性时刻，会对地区发出强有力的信号，即我们支持印太地区的独立自主”。

此番美国同盟体系的重塑与再造呈现出一些新的特点。一是紧密程度不同，制度化安排与“志愿者同盟”相互配合。美国一方面在重新收拢整合北约、美日、美韩这样的军事同盟体系并相继推出“欧洲威慑倡议”和“太平洋威慑计划”之类的军备建设方案，另一方面在推动韩国、越南等国与“四国安全对话”展开非正式联系甚至寻求搭建“民主国家联盟”。二是同盟体系建设从传统的军事安全领域扩展到供应链安全、疫苗供应等新兴领域，涉及安全、经济和意识形态方方面面，可谓是“后冷战时代”的第一次全面战略动员。三是不同区域同盟机制之间的互动增强。2020 年底，《北约 2030：为新时代而团结》报告发布，表示尽管在未来十年俄罗斯仍将是北约的主要对手，但北约必须更认真地思考如何应对中国及其军事崛起。2021 年 3 月 15 日，北约秘书长斯托尔滕贝格在欧洲议会发表讲话，称美国和欧盟必须迅速修复联盟关系，这样才能应对“更具攻击性”和“威胁性”的中国崛起。3 月 16 日，英国首相约翰逊发布确定“后脱欧时代”英国外交政策的综合评估报告，称英国将重返印太地区并建立“民主联盟”来制衡中国的“威胁”。近来，英、法、德等欧洲国家相继宣布派军舰到南海、东海巡航，凸显出美国与其欧洲盟国在亚太地区的战略协调也正进一步增强。

目前，有些人对美国修复与盟友关系的前景不以为然，认为美国的同盟体系已四分五裂，美国对此无力回天。但严谨的国际观察人士不会只沉溺于天真的想象。一系列事实表明，美国的同盟体系正加紧重塑和再造，它对国际格局、世界秩序、大国关系走向以及中国安全与发展的影响值得高度关注。

生态安全应成为中国资源进口全球布局的重要考量

冯玉军

2021 年春天，我国北方多地受到源自蒙古国的猛烈沙尘暴袭击。我国北方生态环境变化与蒙古国、中亚以及俄罗斯远东、西伯利亚地区紧密关联，近年来农畜林矿过度开发，导致当地生态环境恶化并对我国产生连带生态损害。

借助于中国经济的快速发展、山水相连的地理位置、良好的政治关系以及中美贸易战等因素，蒙古国和俄罗斯近年对华贸易迅速攀升。但受制于资源禀赋和发展水平，两国对华出口基本以自然资源特别是农畜林矿产品为主。

2019 年，蒙古国出口煤炭 3660 万吨、铜精粉 140. 36 万吨、铁矿石 844. 8 万吨、锌精矿粉 13. 4 万吨、羊绒 9500 吨，基本全部销往中国。然而，蒙古国自然环境极其脆弱，其畜牧和采矿两大支柱产业对生态环境破坏严重。1990—2020 年，蒙古国牲畜存栏量从 2000 万头增至 7000 万头，不同地区放牧牲畜数量达到牧场环境承载力的 2 –7 倍。目前蒙古国有山羊近 3000 万头。山羊过度养殖导致牧草锐减、土地深度荒漠化。蒙古国近年来矿业发展较快，采矿业产值已占到 GDP 的 50% 、工业产值的 73% 和出口收入的 90% 。但涸泽而渔式的矿产开发导致草场被毁、水源断绝，荒漠化程度日趋严重。

在2020年中俄贸易中，矿产品占俄罗斯对华出口总额的65.45%，木材、纸浆及纸制品占8.75%，食品和农产品占8.07%，合计82.27%。俄罗斯远东和西伯利亚地区资源丰富，是俄罗斯资源开发的重要产地。然而这里的生态同样脆弱，近年来森林砍伐、矿产开发以及农业种植已对当地生态造成巨大破坏。尽管俄罗斯远东地区并没有真正的大城市，但这里的几个省会级城市如乌兰乌德、比罗比詹都名列俄空气污染水平最高城市名单。金矿开采对远东水资源构成重大威胁，中俄界河黑龙江首当其冲。在中方对松花江污染进行有效治理后，俄方金矿开采企业排放到黑龙江中的有害物质却连年增加。俄大豆产区主要集中在远东。当前，俄正借助中美贸易战之机，试图将对华大豆出口从目前的每年80万吨增至370万吨。然而，俄罗斯2018年全国大豆产量只有402.6万吨，种植面积为273.9万公顷（每公顷产量为1.47吨，而我国黑龙江省大豆产量为每公顷2.51吨）。这意味着俄罗斯要实现对华大豆出口目标，需要新增197.27万公顷农田。但实际上，俄罗斯远东农业用地只有666.3万公顷，2012年可耕地280万公顷，2010年农业实际播种面积为137.64万公顷。如果大面积种植大豆，势必需要大量垦荒，造成进一步生态损害。

蒙古国及俄罗斯远东地区、西伯利亚地区的生态恶化对我国构成诸多挑战。一方面，20世纪80年代以来，我国在三北地区生态恢复方面所付出的长期努力已取得巨大成效。但蒙俄生态恶化将直接冲击我国生态建设成果，使我国北方生态环境面临持久威胁。另一方面，京津冀协同发展首先要坚持生态优先，建设绿色、可持续的人居环境，但蒙俄生态恶化将对京津冀协同发展构成严峻挑战。此外，蒙古国的“资源民族主义”运动、俄罗斯的中国“生态威胁论”“土地扩张论”以及韩日长期把空气污染等罪责强加在中国头上，也给我国带来了诸多外交难题。

现实表明，中国北方特别是首都圈的生态改善不可能关起门来自己解决。在大力实现我国绿色发展、积极参与全球气候变化治理的同时，将生态因素作为中国资源进口全球布局的重要指标，合理统筹资源进口与环境保护的关系已势在必行。

要突出生态安全理念，合理布局资源能源进口渠道。目前我国已成为世界最大的资源能源进口国。但多年来我国更注重获取资源，一定程度上忽视了资源能源出口国生态变化及其对中国的影响。未来，中国应更多从相距遥远、生产工艺先进、生态恢复能力较强的地区进口资源，相应减少从蒙、俄、中亚等国的农畜林矿产品进口，保护当地环境以减少其对我国的生态危害。

要加强与蒙俄及中亚国家的生态合作，构建环周边生态文明共同体，切实维护我国周边生态安全。可向蒙古国、中亚国家传授科学的绒山羊舍饲圈养技术和治沙经验，助其以生态友好方式进行畜牧生产、加强荒漠沙地生态修复。在中俄林业、油气合作领域，要注重环保内容，降低生态危害，中俄农业合作宜更多在欧俄而非远东、西伯利亚地区进行。

要确保资源能源安全与外交行动的合理平衡，避免因短期外交事态影响战略性、结构性资源安全和生态安全。综合国力增强使我国在对外关系中有了更多使用经济制裁的可能。但经济制裁是把双刃剑，过度使用会对我国能源资源安全、产业链安全以及生态安全构成损害。近年我国对美国农产品及澳大利亚煤炭、铁矿对华出口采取了相应限制措施，而蒙俄则借机扩大了对华销售。其结果是我国与美澳关系持续紧张，蒙俄获得巨大利益，我国的资源能源进口空间被相应压缩、生态安全受到损害。随着双循环发展格局的启动，中国国内资源、能源、生态压力有可能进一步加大，必须对此高度重视、提前布局，正确处理好短期、事务性外交需要与长远、结构性资源、能源、生态安全的关系。

俄苏文化的对华影响与中国人的“误读”

冯玉军

近现代俄苏文化对中国的影响如滚滚洪流，冲刷并渗透到中国思想文化的各个角落，深刻而又不为察觉地影响着中国人的文学创作、审美情趣、日常生活、语言表达甚至思维方式。可以说，俄罗斯对中国的思想文化乃至思维方式产生过深入骨髓的影响。然而，中国人对俄罗斯思想与文化却存在许多“误读”。

著名中俄关系史专家黄定天先生认为，“中俄两国文化关系的发展历程呈现明显的不对称性”，特别是在苏联时期，“基于意识形态和社会体制的趋同性，中国人对俄苏文化表现出了空前的渴望和挚爱，俄苏文化在中国风靡一时，甚至影响了两三代人，甚至仍余音不散”。

这种不对称性在某种程度上也体现为不对等性。正如华东师范大学田全金教授所说：“中俄文学交往，并非对等地把自己的文艺作品施与对方，更非对称地接受对方的精神影响。”实际上，“在中国的文化土地上，到处闪现着北国巨人的身影……她以她的千般娇媚、万种风情，魅惑我们倾听，倾听她讲述暴力革命的真理，民主启蒙的经验，还启发我们如何在灾难深重的危境里守护精神家园。她带着狂热的激情冲破了我们的围城，强迫我们听命于她。是终极诱惑，还是权力入侵？是文化输出，还是新殖民主义？难以说清楚，但接下来的后果是：中国文学成了俄罗斯文学的学生，一度丧失了自尊自信，拜服在北国巨大的石榴裙下……中国接受了苏俄文学的战争话语和战争思维，并把它贯彻到文学创作之中，写出了不计其数的‘战斗篇章’”。

中俄文化交流研究专家陈建华教授有言，“俄苏‘红色经典’在中国的接受及其产生的影响对中国人的精神生活所起的作用是任何一种外来文化所无法望其项背的，这是一种前无古人、后无来者的非常独特的文化现象”。在20世纪50年代，它甚至达到了“完全抛弃作为主体的自我，全身心地拥抱和接纳一种异域文化，并极力把自己归化到这种文化范围内”的地步，表现出“一种狂热的非理性倾向”。

中国俄罗斯语言文学研究大家白春仁先生分析认为，中国“五四运动前后广泛吸纳外国文化，独把俄罗斯文学引为最好的知己”，一个特殊而重要的原因是“中俄文化的相似性”，这主要指的是“两国推翻帝制、变革社会的相似政局。延伸到文化上，俄国文学中写实主义一支被引为同调，恰同用文学改造人生的追求遥相呼应，由此夸张开来就造成中俄文学或文化相似的整体印象。这种一厢情愿的认同与亲近感，逐渐上升为思考问题的出发点，观察俄国的特殊视角。在接受者眼里，复杂多元的俄国文化不知不觉间被简化了。文化现象变得亲者愈亲，疏者愈疏”。也就是说，俄罗斯文化对中国的影响，“从接受者方面说，取舍去留，始则服从于文学改造社会的使命，继则受激进的意识形态钳制，总而言之是对社会革命有用，是所谓革命功利主义的驱使”。

在此种因素作用下，中国对俄罗斯文学的接受就存在四种“误读”：一是以偏概全，拿写实主义充作俄国文学的全部；二是在文化接受中以普遍性遮蔽了民族特殊性；三是拒绝接受现代主义流派；四是低估了文学中的宗教文化。

在社会思潮和文化思潮领域，中国人更熟悉的是俄苏“红色经典”，是苏联时代的主流思潮和主流思想家，但对俄罗斯知识分子在探索社会发展道路过程中出现的诸多不同于西方的创造性文化成果基本上不甚了了，对“白银时代”开始就出现的诸如别尔嘉耶夫、索罗维约夫、布尔加科夫、舍斯托夫、梅列日科夫斯基、艾亨鲍姆、巴赫金、洛特曼等卓有成就的思想家知之甚少。而实际上，激进的革命写实主义在“白银时代”并非俄国思想文化界的主流，当时俄国文化发展的主要趋势是进行综合性的文化创新，占上风的是宽容态度和相对主义，而不是你死我活的思想、阶级斗争和社会革命。

首都师范大学林精华教授曾著有《误读俄罗斯》一书，深入分析了中国现代性问题中的俄国因素。白春仁先生在给此书所写序言中指出，“整个20世纪里，我们对俄罗斯的认识”因寡闻引起的偏见所困扰，“在理想化与妖魔化之间摇摆。中苏关系的风云变幻，证明理想化和妖魔化之间只不过一步之遥。应该承认，中俄之间的文化交流与文化互补走上实事求是之路并取得重大成果，还有待时日，而前提则是克服寡闻和摒除偏见”。他强调，20世纪初以来，中国人用“浓重主观色彩勾勒出的俄国文学形象，是个理想化的失真的形象，是掺杂着接受者愿望的形象。这个理想化的形象，树起容易改变难。但还它本来的面目，是后来者无可逃避的责任”。

从数据看俄罗斯科技发展

冯玉军

众所周知，作为曾与美国比肩的超级大国之一，苏联的科技发展水平曾位居世界一流强国之列。但苏联解体30年来，俄罗斯的科技发展却经历了艰难的历程。科研投入不足、体制机制约束、人才流失严重、成果转化缓慢、战略思维僵化、与西方关系恶化等因素极大限制了俄罗斯的科技进步，并使其在日益激烈的国际科技竞争中处于不利地位。尽管俄罗斯政府近年采取了一些措施，试图扭转这一局面，但受制于内外多种因素，成效不彰。

缺乏统一的标准使我们尚难准确度量俄罗斯在当今国际科技体系中的位置，但通过数据分析和国际比较，我们可以管窥一下俄罗斯科技的发展现状。

2020年，按购买力平价计算，世界主要科技大国的科技研发投入分别是：美国5111亿美元，中国4519亿美元，日本1657亿美元，德国1188亿美元，韩国777亿美元，法国624亿美元，英国478亿美元，而俄罗斯仅有373亿美元，略高于意大利的299亿美元和加拿大的257亿美元。

2019年，俄罗斯的科技研发投入强度只有1.1%，排名世界第34位，远低于以色列的4.25%、韩国的4.24%、瑞士的3.37%和瑞典的3.25%。同年，俄罗斯科研人员人均研发投入只有9.3万美元，位列全球第47位。排名第一的瑞士为40.67万美元，其次是美国和中国。

在科技研发的投资主体方面，2019年俄罗斯66.3%的研发投入来自国家，企业研发投入占比仅为30.2%。在研发投入前10位的国家中，俄罗斯的国家参与规模与印度相当。而日本的企业研发投入占比为78.1%，美国为62.5%。

2019年，俄罗斯科学家中有29%（9.99万人）拥有研究生学历。21.6%拥有副博士学位（7.51万人，平均年龄51岁），7.1%拥有博士学位（2.48万人，平均年龄64岁）。而副博士以下学位科学家的平均年龄是43岁。这反映出俄罗斯科学家群体的普遍老化。在科学家的性别分布方面，男性占61%，占拥有博士学位科学家的73%、拥有副博士学位科学家的58%。

在科研人员的学科分布方面，2019年有21.4万人（61.4%）集中于技术科学领域，有7.93万人（22.8%）从事自然科学研究，1.95万人（5.6%）从事社会科学研究，1.44万人（4.1%）服务于医学行业，1.17万人（3.4%）从事人文科学研究，0.95万人（2.7%）受雇于农业部门。

在科研资金的学科分布方面，70%以上的资金花在了技术科学领域，自然科学分享了17.6%的资金，其他学科所获资金不足总数的10%，其中人文科学只有1.5%、农业只有1.7%。

2019年，俄罗斯在读研究生8.43万人，比10年前减少了80%。有1200个家科研和教学机构拥有副博士以上学位教育资格，较2013年下降了23.8%。研究生入学人数从2010年的2.49万人减至2019年的5600人，毕业人数则从3.38万人减少到1.54万人。与此同时，研究生学习的效率下降，在大学中通过副博士学位论文答辩的研究生比例从30.3%降至10.4%。

俄罗斯社会对于科学的态度发生了有趣的变化。2014年的一项调查显示，25%的成年人认为这对他们自己来说太难了，2019年这一比例升至31%；1996年，有67%的受访者认为科学的重要性正在下降，而2019年有86%的人认可科学的重要作用；2019年，在54%的受访者自己不想从事科研工作的同时，却有62%的人希望自己的孩子投身科研，这一比例要比2003年的32%高出不少。

投入决定产出。在研发投入存在如此巨大落差的情况下，俄罗斯想保持世界一流科技强国地位几无可能，这在一系列全球公认的国际排行中得到了验证。在汤森路透的《全球最具影响力的科研精英》排行榜中，来自俄罗斯的科学家总人数多年未能入围前10位。世界经济论坛每年发布的《全球竞争力报告》显示，俄罗斯的综合竞争力仅处于世界中等水平，远远落后于美国、德国、瑞士等欧美强国和日本、新加坡等亚洲国家，与中国也存在较大差距。2019年，俄罗斯专利申请数量只有美国的1/16、中国的1/38。而在2022年世界大学综合排名（QS）中，俄罗斯只有莫斯科大学进入百强，排名第78位，而圣彼得堡大学排名第242位，新西伯利亚大学排名第246位，托木斯克大学排名第272位，鲍曼技术大学排名第281位。

一般而言，一个国家的科技水平越高，该国科学家在国际权威科学杂志上发表的论文就越多。而在俄罗斯，只有2.9%的科学论文最终出现在由Scopus数据库索引的国际出版物中，而美国则高达21.3%。在进入Scopus数据库的俄罗斯科学家的论文中，只有5%出现在引用次数排名前十的期刊中，而美国高达22%、德国和中国均为19%。尽管从2009年到2019年，俄罗斯科学家的论文全球引用次数在Web of Science中增长了75%，在Scopus中增长了102%，但其被引用的频率仍远低于世界平均水平。这十年中，俄罗斯学者在Web of Science和Scopus的发文量分别增长90%（达到63251篇）和128%（达到73496篇），但它在这两个数据库中的国际排名并未明显提升，分别位列第 14 名和第 12 名。

无怪乎俄罗斯联邦审计署 2020 年 2 月发布的调研报告认为，尽管科研投入从 2000 年到 2019 年增长了 12 倍，但俄罗斯的科技发展依然形势严峻，无法应对社会和国家面临的重大挑战。

“中美俄三边关系”呈现出更加复杂的互动场景

冯玉军

2021 年上半年，中美俄关系呈现出更加复杂的互动场景。美国对华战略认知更加清晰，从重塑、夯实同盟体系入手，步步为营，加紧构筑应对中国“全方位挑战”的全球、全域网络；中俄两国政治互动热络，经济合作逆势而上，战略协作得到全方位加强，中方多次强调中俄关系“无禁区、无止境、无上限”；美俄虽都知道双边关系不可能迅速全面重启，但都在相互试探，力图让双边关系更加稳定和具有可预见性，并通过 6 月 16 日的“普拜会”取得相应进展。厘清中美俄三边关系的实质、内涵与影响，对于中国下一步大战略的展开具有重要意义。

学界对中美俄三边关系的认知存在几个误区：一是认为中美俄三边关系是“世界上最重要的三边关系”；二是声称中美俄三边关系在很大程度上“决定了国际格局走向”；三是认为中美俄三边关系是“一个客观存在”。在笔者看来，中美俄三角既没有类似冷战时期那样的全球战略影响，也不是可以自动运转的“现实存在”。可以说，今天的所谓“中美俄三边关系”在更大程度上是被观念和政策建构出来的。

特朗普时期，美国曾有意拉俄罗斯对付中国，最终无功而返。

拜登上台后，美国将对外战略的矛头加紧对准中国，无论是在与盟友伙伴的协调中，还是同俄罗斯的对话里，重要的主题都围着中国转，中国可以说是“不在场的主角”。目前美国对俄政策的核心在于通过诱压并举方式稳住俄罗斯，防止其再生事端，以便把主要资源和精力转向应对中国的“全方位挑战”。拜登政府的运作相当复杂：一边向德国放水，放松对“北溪－2号”天然气管线项目的制裁；一边出台新的对俄制裁，以展现强硬态度。但结果是“北溪－2号”最终会建成并投入运营，俄罗斯暂时可以松一口气了，尽管未来这条管道的命运还存在诸多变数。

多年来，俄罗斯一直在积极调动中美俄三边关系，目的是减轻自身承受的压力。2021年是《中俄睦邻友好合作条约》签署20周年，条约的核心内容是强调中俄关系“不结盟、不对抗、不针对第三方”。近年来，随着俄美和中美关系双双恶化，中方试图通过积极运筹中美俄三边关系来抵制和减轻美国的对华压力。中国致力于不断加强对俄全面战略协作伙伴关系，在政治、经济、安全等诸多领域向俄提供了大力支持。

随着中俄合作的持续发展和中美关系的不断恶化，我们需要保持冷静，随时检视各方面策略手段的实施效果，及时调整完善，处理好大国关系。

美俄关系现在处于“有限敌人”状态。在美国看来，俄罗斯是衰落国家，甚至已成为二流国家，但仍拥有强大军力，其影响力来源于“破坏力”，美国人现在就是要把俄罗斯的“破坏力”摁住，“以压促稳”。从221年6月拜登与普京的会晤可以看出，美国正努力调整对俄政策，重在遏制俄的冒险主义和激进主义，试图使美俄关系成为一种相对稳定、可预期的关系。

未来，美俄围绕欧亚地缘政治、“干涉内政”、民主人权等问题的矛盾难以消除，但斗争烈度会相应降低。美国要把注意力转移到

“印太”地区，欧盟也不希望与俄罗斯继续势同水火。我们还要注意到，这次“拜普会”就国际战略稳定问题发表了联合声明。在冷战结束前后签署的美俄双边军控条约体系加速崩塌、新型军备竞赛紧锣密鼓展开的背景下，美俄两国仍要主导未来相关国际规则的制定和战略安全治理，有要将国际军控体系多边化的意向。

在美国高层眼中，中国才是真正的“战略竞争对手”，在方方面面都构成“系统性、长期性的挑战”。当然美国也不希望对华关系失控陷入灾难，所以试图用“竞争”“对抗”“合作”三个维度来定义美中关系。中国要跳出传统的“三国演义”思维，全面评估大国竞合与冲突的可能后果，理性看待斗争与合作的现实收益，努力管控矛盾和分歧。未来，中美俄三边关系走上良性互动道路，才是更好的选择。

近代以来不平等条约的修废钩沉

冯玉军

习近平总书记在纪念中国共产党成立 100 周年大会上的讲话中指出："1840 年鸦片战争以后，中国逐步成为半殖民地半封建社会，国家蒙辱、人民蒙难、文明蒙尘，中华民族遭受了前所未有的劫难。从那时起，实现中华民族伟大复兴，就成为中国人民和中华民族最伟大的梦想。"的确，近代中国曾饱受帝国主义列强的侵略，被迫签订了大量不平等条约，严重冲击了近代中国的主权独立和领土完整，其中一些不平等条约甚至贻害至今。而修改和废除不平等条约是中国官方和民间的共同企盼，并为此付出了艰辛的努力。

"不平等条约"的判定标准应该包含形式要件和实质要件两方面：在缔约程序上，缔约一方通过实施欺诈或通过武力使用及武力胁迫，迫使缔约另一方并非出于自愿而签约；在条约内容上，缔约双方之间的权利和义务不对等。一方独享权利而不承担义务或少承担义务，另一方则只尽义务而不享受权利或少享有权利。

对于近代以来究竟有过多少个不平等条约，学界有不同的说法。王铁崖先生编著的《中外旧约章汇编》囊括了 1182 个旧约章。张振鹍先生认为其中真正属于不平等条约的大概有三四百个，其中条件苛刻的较重大不平等条约大约有 100 个。高放先生考证称，我国历届政府同 22 个外国签订了 745 个不平等条约。侯中军教授则认为不平等条约总数应是343个。

近代中国不平等条约体系的形成与扩展，大致可以分为五个时期：第一个时期是从1840年鸦片战争至1856年第二次鸦片战争，这是不平等条约体系的初步形成时期，中国被迫同列强签订了以中英《南京条约》为代表的12个不平等条约。第二个时期是从1856年至1894年中日甲午战争，这是不平等条约体系的确立期，中外缔结的不平等条约大约有90个。第三个时期是从1894年至1900年八国联军侵华。这是不平等条约的扩展期，中国被迫签订的不平等条约达55个。第四个时期是从1900年至1914年一战爆发，这是不平等条约体系更加完整化的时期，其间中外缔结的不平等条约70个。第五个时期是从一战爆发到一战结束，在此期间中外缔结不平等条约40个，这一时期的突出特点是日本的独占期。

不平等条约对中国的侵害主要涉及以下方面：一是领土割让。英国通过《南京条约》和《北京条约》分别割占了香港和九龙半岛南端。《马关条约》把辽东半岛、台湾和澎湖列岛割给了日本。葡萄牙通过《中葡和好通商条约》得到了对澳门的永久管理权。沙俄则凭借《瑷珲条约》《北京条约》《勘分西北界约记》和《改订条约》等占据了中国156万平方公里的领土。二是强占势力范围、租借地、租界、在华驻军。20世纪初，俄国曾派兵占据牛庄、奉天、河口等地方并在中东铁路沿线派兵防守。三是经济领域的强开商埠、对外赔款、协定关税、外国人把持海关并插手沿海与内河贸易运输等。四是领事裁判权和片面的最惠国条款。

清朝末年，随着国家民族危机的加剧和社会矛盾的尖锐化，救亡图存、反对外来侵略的社会情绪不断高涨，维新派和革命党都提出了修改或废除不平等条约的主张。清政府在要求修约、收回权益方面也做了一些努力，但收效甚微。民国初建，政局和中外关系的特殊性使废约问题被束之高阁。孙中山在1912年1月5日发表的

《临时大总统宣告各友邦书》中宣布："凡革命以前所有满政府与各国缔结之条约，民国均认为有效。"袁世凯 1913 年 10 月 10 日在就职中华民国大总统的演说中明确声明："所有前清政府及中华民国临时政府与各外国政府所订条约、协约、公约必应恪守。"

一战的爆发为中国突破不平等条约体系的束缚提供了契机。1914 年 3 月 14 日，民国总统黎元洪宣布与德国断交并随即取消了德国根据不平等条约所获部分特权。8 月 14 日，北京政府对德奥宣战，并宣布依据国际公法及惯例，此前与两国订立的所有条约以及国际协议中与中德、中奥有关系者一律废止。战后，中国与德、奥分别订立《中德协约》和《中奥通商条约》，这是中国与西方大国订立的第一批平等条约。

一战之后，北洋政府代表在巴黎和会上提出了希望废除外国在华势力范围、撤退外国军队、撤销领事裁判权、停止外国在华邮政电报、归还租借地、归还租界、关税自主七项要求。这是自不平等条约产生以来，中国政府第一次系统地提出取消列强在华特权的要求。尽管得到了美国总统威尔逊的道义支持，但由于英法等国态度消极，中国无功而返。在两年后召开的华盛顿会议上，中国再次全面提出修改不平等条约的要求，迫使列强不得不花很长时间进行讨论，并在有关中国问题的《九国公约》的第一条即明确宣示，"各国须尊重中国之主权与独立暨领土与行政之完整"。

十月革命后，苏维埃政权在内外交困的形势下，曾两次发表对华宣言，表示愿放弃在华旧约特权。但在建交谈判时，苏俄代表加拉罕坚持必须谈判新约取代旧约。最后双方达成妥协，先议定解决悬案大纲，建交后再召开正式会议以具体解决悬案。然而，因苏俄此时已渡过政权初建时的最困难阶段，而中国却是内乱频仍，应在一个月内召开、六个月内完成的会议却拖延了 15 个月才勉强开幕，终因双方立场各异而无法达成共识，到 1926 年夏基本停顿。之后因奉军搜查苏联驻华大使馆，中苏外交关系实际断绝，“中俄会议”随之告终，苏联放弃在华特权的承诺就此不了了之。

北京政府极少称旧约为“不平等条约”，认为应通过和平谈判来调整与各国的条约关系。而国共两党在苏俄思想意识的深刻影响以及加拉罕、鲍罗廷、维金斯基等苏俄及共产国际代表的直接指导下，综合中国传统词库与布尔什维克式语言，共同创造了“不平等条约”这个新词，通过把它塑造为限制中国进步主要障碍的帝国主义象征，激发了大众情绪并将中国民族主义推向高潮。在 1924 年国民党“一大”上，废除“不平等条约”被列于国民党政纲首要位置。

1925 年的五卅惨案引发了全国性的反帝爱国运动，对北京政府的外交也形成巨大冲击。6 月 24 日，北京政府向各国驻华公使团提交了要求修改不平等条约的照会。在北京政府执政的最后三年中，北京政府及其外交官颜惠庆、顾维钧、施肇基、王正廷等积极利用正常外交渠道修约。1925 年 10 月，与奥地利签订新约，确认中国关税自主及取消治外法权。1925 年 11 月，华盛顿会议关税会议“承认中国享有关税自主的权利”，允许中国国定关税条例于 1929 年元旦生效。1926 年 10 月，在《中芬友好条约》中，芬兰放弃在华领事裁判权。此外，北京政府先后废止《中比条约》和《中西条约》。北洋政府时期的外交家还根据华盛顿会议决议努力促成设立“治外法权委员会”，以“调查中国治外法权、法律及司法行政体制现状”并为各国放弃在华治外法权做准备。与此同时，随着北伐战争的进行，中国南方出现了群众性反帝运动高潮，中国相继收回汉口和九江英租界。

1928 年 6 月，国民政府基本统一全国，修约进入快车道。至同年年底，与中国有经贸关系的主要国家除日本外均与中国签订了关税条约，承认了中国的关税自主权。1930 年 5 月，中日签订关税协定，中国终于实现了关税自主。1928 年 12 月 28 日，国民政府公布撤废领事裁判权特令，但这一领域的修约行动颇费周折。1929 年 8 月，国民政府收回天津比利时租界。1929 年 10 月及次年 9 月，中国正式收回镇江和厦门英国租界。1930 年 4 月，中国收回英国在威海卫的租借地。

1941 年太平洋战争爆发后，中国正式对德、意、日宣战，并宣布“所有一切条约、协定合同，有涉及中德、中意或中日间之关系者一律废止”。随着中国成为世界反法西斯同盟的重要力量，1942 年 10 月 10 日美英公开宣布立即与中国就废约问题进行谈判。1943 年 1 月 11 日，国民政府与美、英分别签署《关于取消在华治外法权及处理有关问题之条约》，正式废除了美英在华特权，废除《辛丑和约》，将上海、厦门的公共租界，天津、广州的英租界及北平使馆区的各种权益归还中国。此后，中国陆续与其他国家签署了类似条约，废止了这些国家在华享有的各种特权。

但在 1945 年 2 月的雅尔塔会议上，苏美英三国背着中国做出了严重损害中国主权和利益的交易，并导致在 1945 年 8 月 14 日签署的《中苏友好同盟条约》及有关协定书中，中方被迫同意“如战后外蒙古公民投票希望独立，中国政府当予承认；长春铁路归中苏共同所有，苏方人员担任铁路局局长；大连港为自由港，所有港口工事及设备之一半无偿租予苏方 30 年；中苏共同使用旅顺口海军基地”等丧权条款。可以说，1945 年的《中苏友好同盟条约》本质上是一个不平等条约，它使中国的领土完整和行政主权受到了公然侵犯。

1949 年中华人民共和国成立后，庄严宣告“必须彻底取消帝国主义国家在中国的一切特权”。中国政府对《中美商约》等一系列条约采取了不予承认的立场，美国此前在中国所享有的特权至此在大陆全部丧失。1950 年 2 月，《中苏友好同盟互助条约》及有关协定签订，规定在不迟于 1952 年末之前，苏联将中长铁路的一切权利及财产无偿移交中国，苏军从旅顺口撤出，大连行政完全由中国政府管辖，苏方临时代管或租用的财产由中国政府接收。后因朝鲜战争，除中长铁路如期移交外，苏军 1955 年 5 月才从旅顺口撤走。《中苏友好同盟互助条约》明确了“双方保证以友好合作的精神，并遵照平等、互利、尊重国家主权与领土完整及不干涉对方内政的原则”发展中苏关系，但原先不平等条约遗留下的边界问题并非得以解决。中苏双方自 1960 年举行边界谈判，一直到 1991 年 5 月才就东段边界达成协议，西段边界协议也于 1994 年 9 月签订。2001 年签署的《中俄睦邻友好合作条约》规定，双方“相互没有领土要求”。

1997 年和 1999 年，中国先后恢复对香港和澳门行使主权，终于在 20 世纪末消除了近代历史上英、葡强加给中国的不平等条约及其所造成的灾难。

俄罗斯多策应对“新塔利班时代”

冯玉军

近来，随着北约驻阿富汗联军撤军步伐加快，塔利班在阿富汗境内势如破竹，不断攻城掠地。截至8月16日，塔利班已经进入首都喀布尔，总统加尼、北方军阀杜斯塔姆和努尔也选择了逃亡国外。预计不久之后，塔利班有望重掌全国各地政权，阿富汗将进入一个“新塔利班时代”。

俄罗斯与阿富汗有着极深的历史渊源，在阿富汗问题上长期扮演着不容忽视的角色。面对20年来阿富汗局势的重大转折，俄罗斯加紧谋划，多策应对阿富汗变局。

防止恐怖主义在阿富汗卷土重来，避免“新塔利班时代”危及自身安全是俄罗斯的首要关切。苏联解体之后，恐怖主义一度成为俄罗斯国家安全的重大威胁，受到境外极端主义势力和国际恐怖网络支持的车臣恐怖分子曾经对俄本土安全构成巨大危害，让俄罗斯强力部门寝食难安。当时，塔利班承认车臣独立，并在阿富汗为车臣叛军建立了训练营。而俄罗斯则借助北方联盟打击塔利班并在2001年美国占领阿富汗后一度向联军提供巨大支持。中东“伊斯兰国”被剿灭后，不少俄罗斯及中亚籍恐怖分子回流阿富汗。尽管塔利班领导人近来表示不会让阿富汗成为威胁邻国的恐怖主义势力大本营，但其重掌政权对各种恐怖主义势力形成的刺激作用不能不让包括俄罗斯在内的诸多国家感到担忧。尽管目前谈不上塔利班向邻国军事扩张的威胁，但阿富汗难民外流可能带来的“隐蔽恐怖主义威胁”恰恰是俄罗斯最为担心的问题。近来，大量阿富汗政府军士兵和难民已经越过边境进入塔吉克斯坦和乌兹别克斯坦。未来一个时期，与中亚国家共同做好阿富汗难民的甄别、安置工作毫无疑问将成为俄罗斯防止恐怖主义势力回流、维护本土及中亚地区安全的重要内容。此外，俄罗斯肯定会通过软硬两手，敦促塔利班弱化或切断与反俄恐怖主义势力的联系。

尽管目前塔利班在军事上取得了节节胜利，但复杂的民族构成与部族政治等因素决定了塔利班不可能在阿富汗一统天下。因此，俄罗斯仍将同阿富汗境内不同政治势力保持联系，以维系其在阿富汗的影响力。一方面，俄罗斯将与塔利班建立全方位联系，借此影响阿富汗未来的内外走向。实际上，从 2010 年俄罗斯就开始与塔利班非正式接触，2014 年俄美关系急转直下后，俄罗斯更将塔利班视为抵抗美国的重要力量而向其提供了不同形式的支持。尽管截至目前俄罗斯尚未正式承认塔利班政府作为阿富汗合法政府的地位，但随着加尼政府大势已去，俄罗斯必然会与胜利者相处共事。另一方面，俄罗斯也不会放弃与传统伙伴“北方联盟”的联系，将根据形势变化，以不同形式支持有影响力的塔吉克族和乌兹别克族政治家恢复在阿富汗国内的影响。此外，俄罗斯还会积极借助联合国和各种地区性多边机制对阿富汗新宪法的制定、联合过渡政府的组成施加影响，促使“友俄”势力在阿富汗新政治架构中占据尽可能有利的位置。

塔利班卷土重来给俄罗斯带来的不仅是挑战和威胁，也带来了在中亚地区重塑影响力的重要机遇。近年来，随着自身实力下降与国际环境恶化，俄罗斯在“后苏联空间”的影响力实际上呈现出弱化趋势，包括中亚国家在内的离心倾向更加明显。而对于“塔利班回来了”的担忧毫无疑问会提升中亚国家对俄罗斯的安全依赖，善于借机谋势的俄罗斯不会放过这个机会，一定会通过渲染、夸大塔利班坐大所带来的风险增强在中亚的军事存在和对中亚国家安全事务的影响。近来，俄军与乌兹别克斯坦、塔吉克斯坦军队举行了多年少有的大规模联合军演。不排除下阶段俄罗斯借势扩大驻塔吉克斯坦 201 军事基地、驻吉尔吉斯斯坦坎特空军基地规模并诱使乌兹别克斯坦重回集体安全条约组织的可能。

长期以来，反美主义就是俄罗斯激化国内民族主义情绪、构建国际亲俄阵营的意识形态工具。2014 年以来以美国为首的西方国家实施的制裁给俄罗斯构成实质性冲击，俄罗斯早已怒火中烧并曾向塔利班供应武器以对驻阿美军进行狙击。而在经过 20 年战争之后的美军撤离以及塔利班的东山再起，无疑让俄罗斯得到了一个羞辱美国、损毁其国际形象的重要机会。渲染美国“帝国衰败”、丧失人心并借机挑动和扩大美国国内的政治分裂，将成为下个阶段俄罗斯对美政策的重要选择。与此同时，也不能认为在阿富汗问题上俄罗斯的对美政策是单向度的势不两立。实际上，在不久前的俄美日内瓦首脑峰会上，普京已向拜登提议，美军在阿富汗撤离之后可使用俄驻中亚基地监视阿富汗局势并实施空中打击。在俄看来，此举既可防止美国从阿撤军后在中亚国家获取新军事基地，又可通过“合作加监控”的方式为俄美关系缓和提供条件。此外，俄也希望围绕阿富汗问题的“俄美中巴”四方机制继续发挥作用，既要借中巴之力牵制美国，也要防止中巴对美合作脱离俄的视线。

可以说，阿富汗变局为俄罗斯提供了一个重要契机，它正试图在夹缝中闪转腾挪，在维护其在阿富汗影响的同时，逐渐扭转克里米亚危机以来的被动局面。

“北溪—2 号”：管道竣工　前路莫测

冯玉军

2021 年 9 月 10 日，俄罗斯天然气工业公司（下称俄气公司）宣布，“北溪—2 号”天然气管道的铺设任务已经全部完工，计划于年底开通运营。俄罗斯外长拉夫罗夫对此表示，“北溪—2 号”作为商业项目引发了太多的地缘政治纷争，至今仍“面临正面攻击”，但即便是美国也改变不了这条管道将要把西伯利亚天然气田与西欧消费者连接起来的未来。俄联邦委员会国际事务委员会第一副主席贾巴罗夫兴奋地称“这是俄罗斯对美国的一次重大胜利”，认为美国对“北溪—2 号”已经无能为力了。然而，也许俄罗斯政治家们太过乐观了。如果回顾该项目从酝酿到竣工所经历的波折起伏、正视围绕管道运营仍未平息的多方博弈、展望欧洲能源环境未来的发展前景，不能不说“北溪—2 号”管道修建完成是多方暂时妥协的结果，其未来前景还受到多种复杂因素的制约。

“北溪—2 号”能够竣工，首先在于美国和德国之间的妥协。自“北溪—2 号”项目酝酿以来，美国始终认为这是俄罗斯推行的“地缘政治项目”，它将使俄罗斯摆脱对乌克兰的过境运输依赖并增加欧洲对俄天然气需求，从而抬升欧洲能源安全和战略安全的风险。2019 年底，特朗普签署 2020 财年国防授权法案，内容包括对参与“北溪—2 号”项目的施工方实施制裁。2020 年底和 2021 年初，美国国会众参两院先后通过 2021 财年国防授权法案，使对“北溪—2号”项目的制裁成为法律。特朗普的做法引发了德国的强烈不满和抵制。拜登上台后，积极修复跨大西洋同盟体系，争取欧洲盟国特别是德国更好配合美国的全球战略调整。因此在 2021 年 5 月出访欧洲之前，他宣布豁免对参与“北溪—2 号”项目的德国及其他欧洲国家公司的制裁。美国国务院称，此举符合美国对欧洲能源的承诺以及重建美欧盟友关系的需要。2021 年 7 月 15 日，默克尔访美并与拜登重点谈及“北溪—2 号”管道，尽管双方就项目的性质与作用仍存分歧，但都表示不允许俄罗斯把能源用作胁迫或威胁邻国的武器。

“北溪—2 号”能够竣工，也在于美国和德国对乌克兰做出了相应承诺。2021 年年 7 月，美德两国达成协议，共同支持乌克兰在 2024 年后继续保持天然气过境国地位，德国将尽力促成俄乌两国将俄罗斯天然气过境乌克兰的协议延长十年。2021 年 8 月 22 日，默克尔到访乌克兰时强调，“北溪—2 号”是补充项目，并非是为取代任何途经乌克兰天然气的过境。她同时向泽连斯基承诺，德国政府换届后会继续解决乌克兰的能源安全问题，也将帮助乌方改善能源结构，减少对俄方天然气的依赖。如果“北溪—2 号”项目真被俄罗斯用作“地缘政治武器”，德国将推动欧盟对俄罗斯实施制裁。

“北溪—2 号”能够竣工，也是俄罗斯被迫做出了退让的结果。其实，为了能减少“北溪—2 号”遇到的阻力，2019 年底俄罗斯就与乌克兰签署了继续通过乌向欧盟供应天然气的五年期协议。协议规定 2020 年过境 650 亿立方米天然气，2021 年至 2024 年间每年过境 400 亿立方米。同时，俄气公司也履行了斯德哥尔摩国际仲裁法庭的判决，向乌克兰国家石油天然气公司支付了 29 亿美元的赔偿。在 2021 年 8 月 20 日默克尔对俄的“告别之旅”中，尽管普京再次强调“北溪—2 号”的经济合理性和生态安全性，但同时也表示俄方将遵守维持乌克兰天然气过境国地位的承诺，愿意将 2024 年即将到期的俄乌天然气过境协议延长，他要求欧洲各国首先给出经乌方输送天然气的具体购买数量。

在经历了激烈的多方博弈之后，“北溪—2 号”的管道建设终于竣工了。但这并不意味着该项目的未来运营就会一帆风顺，其未来前景还将受到一系列因素的困扰。

首先，管道运营面临欧洲能源法令的强有力制约。欧盟“第三能源一揽子法案”要求在欧盟生产、运输和分销天然气的公司应该是相互独立的，旨在确保市场公平竞争、防止企业可能阻止竞争对手使用其基础设施。2021 年 8 月 25 日，德国一家法院驳回了俄气公司对德国天然气行业监管机构的诉讼，判定“北溪—2 号”必须符合欧盟“第三能源一揽子法案”规定。这也就意味着，未来“北溪—2 号”进入欧盟的部分必须要有第三方参与运营，俄气公司有可能会失去利润丰厚的天然气运输业务。

其次，美欧裁制仍是悬在项目头顶的“达摩克里斯之剑”。尽管“北溪—2 号”比过境乌克兰的天然气管道系统缩短了约 2000 公里，工艺更加先进而且按照现代生态标准建造，但它已被美欧认定为“地缘政治项目”而倍加警惕。一旦俄罗斯对乌克兰的能源安全或国家安全构成实质性伤害，“北溪—2 号”将成为首先被制裁的对象。

最后，能源革命和环境约束将对“北溪—2 号”的运营构成实质性挑战。尽管 2021 年夏天欧洲市场天然气价格飙升，但欧盟已经提出到 2050 年实现碳中和的目标并明确了强化碳排放权交易体系、发展清洁能源、打造绿色建筑等具体路径。默克尔近期表示，欧盟最迟在 25 年内将不会从俄罗斯进口天然气，或大大减少进口总量。尽管俄罗斯提出了加速发展氢能并通过“北溪—2 号”管道向欧洲出口的设想，但现实的困难将使这一转型过程步履蹒跚。

能源转型：路线图与时间表同样重要

冯玉军

2021 年夏秋之季，全球多地油气煤炭价格飙升，电力供应紧张。在经历了 2020 年新冠肺炎疫情期间国际油价一路走低甚至出现负值销售的低谷后，这一轮“能源荒”让很多人深感错愕甚至发出“能源危机席卷全球”的惊呼。但如果深入考察就会发现，国际能源市场并不存在系统性、结构性的能源短缺，此番乱象更多的是由于临时性因素积聚、叠加所致，而一些国家在推进能源转型过程中所出现的政策性失误尤其值得关注。

从供需层面看，能源价格飙升是疫情之后各国经济活力恢复、能源需求强势反弹同化石能源受多方掣肘而未能充分供应相互作用的结果。在石油领域，“OPEC +”产油国自 2020 年 5 月 1 日以来施行了限产保价措施，且在 10 月 4 日刚结束的第 21 届部长级会议上未响应国际社会呼吁而做出大幅增产决定；在天然气领域，欧洲的天然气产出从 2005 年以来持续下降，从 2020 年 10 月起，挪威最大天然气生产商同时也是欧洲第二大天然气供应商 Equinor 旗下的哈默菲斯特 LNG 工厂停工检修停产，预期到 2022 年 3 月才能复产。该厂日产 1800 万立方米天然气，其技术性停产对欧洲供应是重大损失。而近年来油气价格下跌也导致美国页岩气生产急剧收缩。与 2019 年相比，2021 年欧洲从各方获得的天然气供应减少了 480 亿立方米。

从技术层面看，通常情况下，天然气储备是在春夏两季补充进去，为下一个冬季做准备。但欧洲 2020 年的冬天异常寒冷，天然气库存消耗巨大，欧洲天然气库存降至 2013 年以来最低位。尽管此情况在 2021 年上半年就已很明显，但欧洲依然寄希望于靠新能源摆脱对化石能源的依赖，一直没有加紧补库存。结果，2021 年欧洲天气异常导致新能源发电量减少，进一步加剧了能源短缺窘境。

较之市场和技术因素，在推进能源转型过程中的政策性失误所产生的影响可能更大。众所周知，欧盟是应对全球气候变化、推动能源转型的急先锋。2021 年 7 月 14 日，欧盟委员会提出应对气候变化的一揽子计划提案，旨在实现到 2030 年温室气体净排放量较 1990 年减少 55% 并在 2050 年实现碳中和的目标。欧盟在这方面的意愿和努力固然值得肯定，但欧盟及其部分成员国在具体实施过程中，并未充分考虑能源转型的复杂性，“低碳”“绿色”往往成为政策制定过程中的唯一考量，“政治正确”导致一些具体措施操之过急、顾此失彼。

2011 年福岛核电站事故后，德国政府当年就关闭了境内 17 座核电反应堆中的 8 座，并承诺在 2022 年底前关闭所有核电站。比利时、西班牙和瑞士也计划到 2030 年淘汰核能，而意大利则禁止建造新的核电站。匆忙“弃核”使一些欧洲国家在很大程度上失去了电力调峰能力。与此相比，71% 电力来自核电的法国却在 2021 年的“能源荒”中未受太大冲击。煤炭更是欧洲在能源转型过程中倍加嫌弃的对象，欧盟及其成员国计划在未来数年里在能源供给体系中完全淘汰煤炭。然而，目前欧盟仍有大量煤电项目运营，短期内强制关停不仅损害相关企业利益，也会对电力可靠保障带来巨大冲击。近来，随着欧盟碳排放期货的上涨以惩罚煤炭使用，工业企业加速弃用煤炭并转向天然气替代，既增加了天然气需求、进一步加剧“气荒”，也抬高了火力发电成本、压制了电力供应。

此外，能源地缘政治博弈的作用也不可忽视。2021 年 1 - 9 月，俄罗斯天然气工业公司（“俄气”）对德国天然气出口增加了 33.2%，对意大利增加了 14.2%。俄罗斯在欧洲最大的企业客户 ENI、RWE、ENGIE 等均表示“俄气”满足了其长协供应。但与此同时，“俄气”减少了在欧洲零售市场的供应，2021 年 7 - 9 月的零售天然气供应量从 2020 年的 31 亿立方米下降到 5000 万立方米，而俄欧间亚马尔天然气管道在 8 月中旬后日输气量从之前的 4900 万立方米下降到 2000 万立方米。在市场供应紧张之际，俄罗斯此举对欧洲气价上涨无疑具有一定的边际效应。可以说，这是俄罗斯十多年来迫于“页岩革命”压力向欧洲客户打折销售甚至修改“格罗宁根定价模式”之后的一次战术反击。10 月 5 日，普京总统意味深长地表示，当前欧洲能源市场的混乱是欧洲国家在气候变化问题上采取投机态度、一味缩减化石能源生产和消费所造成的。意在告诫欧洲长期供气协议比现货市场更加可靠，并试图借欧洲市场波动加速“北溪—2 号”天然气管道的全面运营。除俄罗斯之外，伊朗近来也借题发挥，呼吁美欧国家“吸取教训”，解除对伊制裁以缓解全球能源危机。

客观而言，随着“页岩革命”和替代能源的不断发展，国际能源市场不存在发生系统性、结构性、全球性危机的资源与市场条件。但当前的国际能源市场阵痛也表明，应对气候变化和推进能源转型不可能一蹴而就，过于急切地抛弃传统化石能源并不现实，任何形式的“政治正确”、左倾冒进都会让能源转型徒增风险。就此而言，在应对气候变化、推进能源转型的过程中，制订细致具体的路线图与提出志向宏大的时间表同样重要。

重新回来的俄式保守主义

冯玉军

当今世界，与世界经济调整、国际格局重构、全球秩序重塑相伴随的，是社会思潮的纷乱混杂。冷战结束30年内弥漫的西方自由主义意识形态遭遇挑战，各种竞争性、替代性思潮纷纷登场。2021年10月21日，俄罗斯总统普京在瓦尔代国际辩论俱乐部会议上表示，现有的资本主义模式已经油尽灯枯，无法从日益纠缠不清的矛盾中找到出路，世界正处于一场文明危机之中。他批判西方价值观“经常徘徊在反人性犯罪边缘”，强调俄罗斯将遵循理性保守主义的原则发展。

在普京看来，俄式保守主义是一种健康、理性、温和的保守主义，它“植根于久经考验的传统，是评估自己和他人的现实主义，是对目标设定的审慎计算和对优先事项的精确判定，是必要性和可能性的相互协调，彻底拒绝将极端主义作为行为方式”。有俄罗斯专家认为，普京所谓保守主义的核心在于：一是奉行反西方主义、反全球主义、反自由主义，倡导主权民主，从听命外国指令推进国家转型转向植根于历史遗产和国家认同的保守主义进化论；二是认为任何革命都会导致极端主义和破坏，强调通过渐进性改良维系社会平稳，反对激烈变革和流血革命；三是强调世界需要以传统的性别和家庭观念作为牢固的道德基础，并以此摆脱日益深重的道德伦理危机。

俄罗斯保守主义回潮并非孤立现象，它与西方自由主义的落潮相互映衬、彼消此长，也在其他国家找到了相应的拥趸。正是在相似的保守主义、民粹主义、民族主义和反自由主义的思想基础上，普京与特朗普才会惺惺相惜，法国国民联盟、奥地利自由党、匈牙利青民盟等欧洲右翼运动才将俄罗斯引为同道，互动频繁。

俄罗斯保守主义回潮并非始自今日，它从 21 世纪初就开始滥觞、积聚、发酵、传播。2009 年，统一俄罗斯党将保守主义正式列入党纲，倡导以“社会保守主义”为指导的国家现代化战略，标志着保守主义正式被官方吸纳，成为以稳定与发展为目标、避免社会停滞与革命的指导性意识形态。2013 年底，普京在总统国情咨文中引述俄罗斯哲学家别尔嘉耶夫有关“保守主义并非是阻止前进和向上的运动，而是防止倒退和向下的力量”的名言，强调俄罗斯保守主义既基于历史经验，又面向未来发展，是“传统与革新的合理结合”。之后，保守主义在俄罗斯呈现出高涨态势，成为内外政策的核心叙事。

俄罗斯保守主义回潮的重要背景是对历史上各种类型革命的悲剧性后果以及冷战后西方自由主义泛滥所造成乱象的反思。就前者而言，俄罗斯保守主义者强调俄国历史的延续性并对历史进行了较深刻的反思。通过反思法国大革命以及俄国二月革命、十月革命，反对政治激进主义；通过反思十月革命后红白对立的国内战争，反对国内暴力和自相残杀；通过反思苏联时期的大清洗，反对大规模、成体系的政治迫害。就后者而言，俄罗斯保守主义者认为，西方自由主义泛滥诱发了社会层面的道德沦丧、国家权力的日益衰微和国际层面的西方至上，导致 20 世纪 90 年代俄罗斯国家与社会的整体性衰败。正是在这一背景下，俄罗斯政治与文化精英希望重构社会共识，将保守主义作为实现俄罗斯现代化转型的思想源泉。

普京强调，俄式保守主义是“乐观主义者的保守主义，我们相信稳定、成功的发展是可能的”。然而令人沮丧的是，尽管保守主义目前在俄罗斯几成主流意识形态，但它并未如其倡导者所期望的那样阻止社会衰退、促进国家发展。从经济层面看，苏联解体之后的“去工业化”未得到有效遏制，俄罗斯事实上已在“第四次工业革命”浪潮中落伍，未来面临应对气候变化和推进能源转型的双重挑战。俄罗斯前经济发展部长格列夫称，俄罗斯事实上已经输掉了在技术革命中的竞争，成为无力追求物质财富和发展的“衰退国家”；从政治和社会层面看，2003 年以来，垂直权力体系不断强化，但治理效率并未提高，社会活力持续下降，人力资源状况继续恶化，知识和财富精英纷纷外流。莫斯科卡内基中心近期发表报告称，高度的社会冷漠正成为俄罗斯社会“新常态”，它将引发其他系统性危机；在国际层面，2008 年以来，俄罗斯以俄格战争、克里米亚危机、出兵叙利亚等强悍军事行动挑战既有国际秩序，取得了一些地缘政治收益，但国际形象急剧受损，外部环境大幅恶化，在后苏联空间的吸引力也相应萎缩。

2020 年俄罗斯宪法修改之后，既有权力核心从理论上讲可以执政到 2036 年。在未来 15 年中，预计俄式保守主义仍将是俄罗斯的主流意识形态。它对于革命、内战和大清洗的反思可以让它保障俄罗斯不再重蹈历史上的血腥之路，但能否扭转俄罗斯的发展颓势、助力新条件下的现代化进程还需要拭目以待。